张晓光 赵宇鹏
霍艳花 吕建新 编著

察哈尔 方志叙录

CHAHAER FANGZHI XULU

国家图书馆出版社

图书在版编目（CIP）数据

察哈尔方志叙录 / 张晓光 赵宇鹏 霍艳花 吕建新 编著 . — 北京：国家图书馆出版社，2020.10

ISBN 978-7-5013-6677-4

Ⅰ . ①察… Ⅱ . ①张… ②赵… ③霍… ④吕… Ⅲ . ①察哈尔—地方志 Ⅳ . ① K292.4

中国版本图书馆 CIP 数据核字（2019）第 043723 号

书　　名 察哈尔方志叙录
著　　者 张晓光 赵宇鹏 霍艳花 吕建新　编著
责任编辑 王　雷　潘肖蔷
封面设计 李尘工作室

出版发行 国家图书馆出版社（北京市西城区文津街 7 号　100034）
（原书目文献出版社　北京图书馆出版社）
010-66114536　63802249　nlcpress@nlc.cn（邮购）
网　　址 http://www.nlcpress.com
印　　装 北京科信印刷有限公司
版次印次 2020 年 10 月第 1 版　2020 年 10 月第 1 次印刷

开　　本 710 × 1000（毫米） 1/16
印　　张 18.25
字　　数 243 千字

书　　号 ISBN 978-7-5013-6677-4
定　　价 98.00 元

序　言

方志是专门记载某一地区的自然、社会等各方面情况及历史沿革的综合性文献，其内容囊括了该区域政治、经济、历史、地理、文化、风俗、人物等各方面现状及历史沿革，内容广博，可谓“一方之全史”“地方百科全书”，它既是历史研究的重要依据，也是中华民族文化传承的重要媒介，更是现实政治、经济、科技、文化、生活的重要咨询材料。所以，对旧方志进行系统整理和深入研究，以使其价值在社会各个领域得以充分发挥是每一个文献工作者的使命。

察哈尔地区在我国历史上有着重要地位，是一片承载着厚重历史文化的土地，有着一定数量的方志遗产。但是，由于历史上该地区社会动乱、政权更替频繁等原因，方志文献损失严重，察哈尔地区旧方志整理迫在眉睫。

这里所提及的察哈尔是一个历史名词，随着历史的变迁，这一地区的区划曾多次发生变化。在清代，该地为蒙古族察哈尔部的游牧地。清乾隆二十六年（1761），清廷在张家口设立察哈尔都统，统辖察哈尔八旗、四牧群。中华民国建立后，民国三年（1914）设立察哈尔特别区，领张北、多伦、沽源、商都、宝昌、康保、兴和、陶林、集宁、丰镇、凉城等十一县。民国十七年（1928），南北统一，国民政府将察哈尔特别区改为省，划出兴和、陶林、集宁、丰镇、凉城等五县隶绥远省，其原属张北等六县、锡林郭勒盟及其左右翼八旗因区域狭小，将河北省口北道属包括赤城、龙关、宣化、万全、怀安、怀来、延庆、涿鹿、蔚县、阳原在内的十县划入，共十六县，为察哈尔省。由此，察哈尔作为一个省级行政区划被正式确定下来，下辖口内外十六县、十八旗、四牧群。1935年12月日本关东军带伪“满洲军”“蒙古军”侵入宝昌、康保、沽源、商都、化德、张北六县，于1936年2月1日以“蒙政会”名义在张北成立“察哈尔盟”，设伪盟公署，隶伪“蒙疆自治政府”。1945年日本投降后，平北部队收复张家口，宣布成立察哈尔省。1946年10月10日，我军撤出张家口、宣化后，1947年初撤销察哈尔省建制，南部划入北岳区，北部划入冀热察区。1948年12月底，张家口迎来二次解放，1949年1月正式宣布北岳区和冀热察区合并，恢复察哈尔省建制，省辖张家口、大同两市，下辖雁北、察南、察北三个专区。1952年撤销察哈尔省，其行政区域分别划入河北、山西两省。

由于察哈尔作为省级行政区划存在时间较短，且方志编修数量较少，因此，我们将察哈尔旧方志的界定范围适当放宽。从地域范围来讲，本书以民国时期察哈尔省的行政区划为范围，包括以张家口为中心的口内十县，以多伦为中心的口外六县，及锡林郭勒盟十旗、察哈尔八旗四牧群。从时间范围来讲，虽然察哈尔各县在历史上行政归属不同，但为了保证方志脉络的清晰和研究的完整性，我们将现存察哈尔各地在1949年前的旧方志均纳入研究范围。

察哈尔旧方志多编撰于明清两代。据史料记载，涉及该地最早的方志是明弘治年间由马中锡所修纂的关于宣化的镇志。此后，明朝嘉靖年间尹耕纂修了《两镇三关志》，虽不是宣府镇之专书，但对宣府镇之建置、因革、形势、兵备诸事均有记载。只可惜马志已散佚不见，而尹志也残破不全、所剩无几了。现存最早的较完整的关于察哈尔的旧志，当属明正德年间由当时兵部主事王崇献编撰的《宣府镇志》，现存最晚的旧志则是民国二十四年（1935）由李泰棻等编撰的《阳原县志》。

中华人民共和国成立以后，中国的方志学者和有关单位一直致力于方志文献的整理研究，相继有一些方志书目和书目提要问世。前人的研究成果为我们提供了一些参考，使我们得以从浩如烟海的文献中爬梳整理出察哈尔地区旧方志。具体如下：

（1）朱士嘉《中国地方志综录》（增订本），该书收录全国各图书馆所存方志共计 7413 种，其中涉及察哈尔地区的方志有 44 种。

（2）《中国地方志联合目录》，该书收录全国现存历代方志 8264 种，其中涉及察哈尔地区的方志有 49 种。

（3）陈光贻《稀见地方志提要》，收录各地方志 1120 余种，大多为上海图书馆的稀见之本，其中涉及察哈尔地区方志有 1 种。

（4）《中国地方志总目提要》，该书收录现存中华人民共和国成立前历代方志共计 8577 种，其中涉及察哈尔地区的方志有 46 种。

除以上目录类著作外，大型方志丛书的影印出版也使一些察哈尔地区旧方志得以面世。具体如下：

（1）《中国方志丛书》，该丛书将中国历代方志按省分别影印出版，其中影印塞北地方察哈尔省各县方志 19 种。

（2）《中国地方志集成》，该书影印察哈尔地区方志共计 15 种。

以上是主要书目著录及大型方志丛书对现存察哈尔旧方志的收录情况，将这些书目及丛书所收方志综合起来，去除同书异名的情况，可统计出现存察哈尔旧方志大约有 50 种。具体如下：

［民国］察哈尔省通志

［民国］察哈尔口北六县调查记

［民国］察哈尔乡土志

［乾隆］口北三厅志

[乾隆]蔚州志补
[光绪]蔚州志
[乾隆]蔚县志
[乾隆]怀安县志
[光绪]怀安县志
[民国]怀安县志
[民国]怀安县志材料
[民国]张北县志
[康熙]宣镇西路志
[乾隆]万全县志
[道光]万全县志
[民国]万全县志
[嘉靖]隆庆志
[顺治]延庆州志
[乾隆]延庆州志
[乾隆]延庆卫志略
[光绪]延庆州志
[光绪]延庆乡土志
[万历]永宁县志
[民国]多伦诺尔厅调查记
[民国]察哈尔蒙旗暨各县概况

这些察哈尔旧方志较为详细地记载了察哈尔各县的建置、沿革、气候、地理、名胜、田赋、军事、物产、食货、学校、户口、人物、艺文等内容，是察哈尔地区权威性的综合资料，反映了当地地情、民情的发展全貌，为地区历史发展、社会经济、文化教育等方面的研究提供了丰富翔实的史料依据。对这些方志进行梳理并撰写提要，有助于外界学人了解其学术价值，并推动相关领域的学术研究。

本书体例依照古典目录之成规，记书名、纂修者、卷数、版本、作者生平、编纂缘起等。此外，增入方志卷目编次、收藏状况，以便读者对各种方志加以评点，虽未能全面展开论述，但力求提供线索，以达到抛砖引玉之目的。

鉴于笔者掌握资料有限，仍有部分旧方志未收入书中，遗漏之处还有待继续收集补充。希望此书的编写能够嘉惠士林，有助于地区方志文献的研究。不足之处，还望各位读者、学者、专家批评指正。

凡　例

一、本书共收录志书 34 种，上起明朝嘉靖年间，下讫民国二十四年（1935）。

二、本书编排顺序，以民国察哈尔省行政区划为标准，按照清代省、府、州、县的级别依次排列。

三、本书目录收录范围原则上以《中国地方志联合目录》为依据，并补充了少部分《联合目录》未作著录的现存志书。

四、本书各方志内容著录均为五部分。一为志书书名、卷数、作者、版本、版式等基本情况；二为作者简介；三为编纂缘起；四为内容评点；五为收藏状况。

目　录

察哈尔省

察哈尔省，在今河北省西北部及内蒙古自治区锡林郭勒盟。民国三年（1914）以兴和道及内蒙古原察哈尔部、锡林郭勒盟设察哈尔特别区，领县十一，包括：张北、多伦、沽源、商都、宝昌、康保、兴和、陶林、集宁、丰镇、凉城。民国十七年（1928）改设察哈尔省，将兴和、陶林、集宁、丰镇、凉城五县划归绥远省，原属张北等六县及锡林郭勒盟暨左右翼八旗因区域狭小，又将旧直隶口北道十县（万全、赤城、宣化、龙关、怀来、阳原、怀安、蔚县、延庆、涿鹿）划入，共领十六县。1949 年，辖区范围调整为辖今河北省张家口地区和山西省雁北地区，1952 年，撤销察哈尔省，分别并入河北、山西二省。

现存察哈尔方志文献四种：其一为［民国］《察哈尔省通志》二十八卷首一卷，分七门八十六目，有民国二十四年（1935）铅印本；其二为［民国］《察哈尔口北六县调查记》，有民国二十四年（1935）铅印本；其三为［民国］《察哈尔乡土志》不分卷，民国五年（1916）连载于《地学杂志》第七年六至九、十一至十二期；其四为［乾隆］《口北三厅志》三十六卷首一卷，有清乾隆（1758）刻本。

【民国】察哈尔省通志二十八卷首一卷

宋哲元等修，梁建章等纂。民国二十四年（1935）铅印本。二函十二册。半页十行三十字，小字双行同，白口，四周双边，单鱼尾。前有民国二十四年察哈尔省政府主席宋哲元等作序四篇、目录、凡例、察哈尔省通志馆调查纲目、修志姓氏、图。

宋哲元（1885—1940），字明轩，山东乐陵人。曾在冯玉祥部任旅长、师长。1925 年后，先后担任热河都统、陕西省政府主席、国民党第二十九军军长、察哈尔省政府主席等职。1930 年随冯玉祥参加中原大战。1933 年率部在喜峰口至罗文裕的长城一线上抗击日本侵略军。1935 年华北事变中，任冀察政务委员会委员长兼河北省政府主席。1937 年“七七事变”中，率部奋起抗战。后任国民党第一集团军总司令、第一战区副司令长官，所部曾参加台儿庄等战役。后改任军事参议院参议。1940 年病逝于四川绵阳。

梁建章（？—1938），字式堂，河北大城人。清末举人，日本政法大学毕业。历任直隶全省警务处参事、浙江会稽道尹、筹备国会事务局委员长、河北省政府委员兼建设厅长、国民政府检察院检察委员等职。1938 年病逝于南京。著有《凿泉》《儿童白话诗》等，编译有《日本地方法制通览》等。

书前有《察哈尔省各县局暨盟旗群位置略图》（彩色）。正文二十八卷，平列七门八十六目，卷目依次为：卷一疆域编之一（幅图、沿革说、沿革表）；卷二疆域编之二（万全、蔚县、宣化、张北）；卷三疆域编之三（延庆、怀来、阳原、涿鹿、怀安）；卷四疆域编之四（龙关、沽源、赤城、宝昌、商都、康保、化德设治局、崇礼设治局、尚义设治局）；卷五疆域编之五（堤坝、桥梁）；卷六疆域编之六（沟渠、土质）；卷七疆域编之七（交通、气候）；卷八物产编之一（动物——家畜、水族、野兽、爬虫、野禽、昆虫，植物——百谷）；卷九物产编（植物——瓜、蔬、果、木材、药材、花卉、百草、菌类）；卷十物产编（矿产——金类、煤类、石类、其他矿产）；卷十一户籍编之一村庄户口（万全、蔚县、宣化、张北一三五区）；卷十二户籍编之二村庄户口（张北二四两区、延庆、怀来、阳原、涿鹿、怀安、龙关）；卷十三户籍编之三村庄户口（沽源、赤城、宝昌、商都、康保）；卷十四户籍编之四堡寨；卷十五户籍编之五（风俗、乡贤）；卷十六上户籍编之六（孝义、烈士）；卷十六下户籍编之六（明宦、流寓）；卷十七户籍编之七（列女）；卷十八户籍编之八（人物表、文进士、武进士、文举人、武举人、特举、人材、代议士）；卷十九户籍编之九（人物表、恩贡生、拔贡生、优贡生、副贡生、岁贡生）；卷二十户籍编之十（艺文）；卷二十一户籍编之十一（艺文、著作、金石）；卷二十二执业编之一（农业）；卷二十三执业编之二（工业、商业）；卷二十四执业编之三（学校——中学、小学、师范学校、职业学校、社会教育，毕业生表——国外留学毕业生、大学毕业生、专门学校毕业生、中学毕业生）；卷二十五政事编之一（官制、财政、施政概要、法院）；卷二十六政事编之二（省会建置、典祀、祠庙）；卷二十七蒙古编；卷二十八大事记。全志约一百万字。

从志前各序可知《察哈尔省通志》之纂修缘起及经过：察哈尔省地处边陲，且设省较晚，此前并无专志，仅有清乾隆间所著《口北三厅志》，距是志已有二百年，“其时地方事务简甚，张北六县尚未设，其旧宣府所辖十县，初属直隶省，今始划归察，虽间有县志，亦久失修，其近而可考者无几也。”（《察哈尔省通志·梁建章序》）民国二十二年（1933）八月，长城抗战结束，宋哲元再次主政察哈尔省，次年即开始谋划创修省志。于是，延聘梁式堂先生为总纂，吕、刘、余、韩、仵（吕震、刘续曾、余宝龄、韩梯云、仵墉—

编者注）诸君为分纂，杨兆庚以省政府秘书长职兼任通志馆馆长，期以一年出书。民国二十三年（1934）一月开馆，即督饬各县，搜集材料，陆续陈报，历时一年半而全书告成。

该志是察哈尔建省以来唯一一部省志。该志体例完备，内容丰富，全书以土地、人民、主权三线为经，将各类内容分隶于下，脉络相衔，便于搜览。该志对察哈尔省所属各县情况记载颇详，如疆域编中关于各地古迹的记载，不但抄录了以往有书可考者，且对近年发现者包括时间、地点、发现文物及去向等信息均作完备记录，如卷二《疆域编》之二《蔚县》载："曰石碑地，民国二十三年七月二十七日，县属代王城西南东张庄东北半里许，地名石碑，农人贾儒地内发现古墓一处，宽广均约一丈，下有小圹四，掘出陶器五十余件，麻袋纹砖七块，五铢钱十枚，并无款识碑志，相传系西汉物，已系数解送省政府，卷存县政府，内附影片一张"，为考古研究提供了丰富资料。疆域编之七《交通》翔实地记载了察哈尔省境内省路、县路、村镇市场、河道、铁路、汽车路、电报、电话、农间用车路、马驼及行人路，勾勒出民国察哈尔地区包括通信和道路在内的交通网，对区域交通变迁发展及因交通导致的地区社会、经济变化等方面的研究都有重要意义。卷二十八《大事记》有关于国民党二十九军长城战役的记载，是中华民族抗战史的宝贵资料。

然该志编修时，"盖初值地方残破，人民流离，百务衰歇，不堪据以入志也，迨施政半载，稍稍安集，然后采访成书"（《察哈尔省通志·梁建章序》），一年半成书，难免仓促，不详不备之处在所难免。是志对察哈尔口内十县及口外张北、沽源、康保各县记载较详，时多伦沦陷于日伪，故阙而未载，商都、宝昌二县亦不甚详备。虽设有《蒙古编》，但仅一卷篇幅，内容过于简略，锡林郭勒盟部分内容仅限于疆域、山川，且完全照录自《大清会典事例》和《大清一统志》，史料价值不高。

《中国古籍总目》史部方志类著录。中国国家图书馆、首都图书馆、中国科学院图书馆、中国社会科学院考古研究所图书馆、故宫博物院图书馆、中国第一历史档案馆、上海师范大学图书馆、天津市人民图书馆、河北省博物馆、张家口市图书馆、山西省图书馆、内蒙古自治区图书馆、南京大学图书馆等五十余家收藏机构藏有此志。

察哈爾省通志
宋哲元題
第一冊

察哈爾省通志序

史書之作。所以紀一時一地之事蹟。以昭示來兹。有所考鑑。而爲因革損益之資。俾政教風化。得日躋於完美。非今之所謂省志者。應講求歟。察哈爾。邊鄙也。改省未久。百務待興。而文物典章。無可考證。議者病焉。哲元涖察次年。即謀省志之創修。時軍興以還。兵燹未靖。盜匪災祲乘之。四民凋敝。流離失所。或以此舉爲迂闊。非當務之急也。哲元不敏。竊以爲立國之道。在有以首建規模。振其文化。考舊軌。正來轍。庶政得挈領提綱。以求有合乎繩準。則百年大計立焉。不然。汲汲於補苴罅隙。惟苟且一時是圖。非哲元所敢出也。且一省之政務。所繫綦繁。不有以詳勘博採。彙輯成書。則地域之險夷。山川之奧衍。物產之豐嗇。風俗之淳漓。政教之完缺。稅賦之寬嚴。民生之利病。軍旅之强弱。訟獄之簡煩。凡

凡例

一察省地處邊外。未至其地者。輒目爲簡僻。無足取重。即生長其地者。亦苟安荒陋。不知振興。實乃物産豐厚。未能啓其英華者儘多。有以倡導而提振之。即能馴致於富庶而稱强。茲故取材從詳。而正其體要。加以條理。力避冗濫繁複。先之以調查綱目。使從事者易於爲力。即其旨也。

二孟子謂諸侯之寶三。曰土地人民政事。近代學者。以國家成立三要素。亦曰土地。人民。主權。與孟子之說隱合。政事者。所以行其主權也。夫一省即國家之具體。況邊省與强國爲鄰。尤宜注重此三者。故通書即以此三者爲經。以事物分隸之爲緯。而脈絡相銜。如一篇書。所以示國家不可不統一。即省治不可不統一。而爲文亦必求一貫也。此因時因地。有需乎此。不敢與他省爲

察哈爾省通志卷一

疆域編

沿革　幅圓　形勢　城池　關隘　山川　古蹟

名勝　堤壩　橋梁　溝渠　土質　交通　氣候

堯舜時。洪水甫平。即畫十二州以爲治。禹貢則改爲九州。此歷代分疆畫界之所自昉。即今之摶摶大地。萬國攸居。而有大小廣狹之殊。所以區別而限制之者。疆域耳。即一省之在全國。亦何莫不然。顧邊省又與內地有別。以其外與敵國接壤。其勢綦嚴。則邊省疆域爲尤重焉。易稱設險守國。詩重迺疆迺理。皆所以盡力於疆域。使吾民族居其內者。得以生。以育。以養。以教。以勤百務。而惟自强是謀。相與爲國屏藩。而因以自衞也。近代學

修志姓氏

監修

察哈爾省政府委員兼主席　宋哲元

協修

察哈爾省政府委員兼民政廳廳長　秦德純

察哈爾省政府委員兼財政廳廳長　過之翰

察哈爾省政府委員兼建設廳廳長　張維藩

察哈爾省政府委員兼教育廳廳長　趙伯陶

察哈爾省高等法院院長　張吉墉

附察哈爾省通志館調查綱目 附說明

第一疆域部分

經緯度　經緯度者．即普通地圖所繪之經綫緯綫也．南北爲經．東西爲緯．本縣區域．適在經緯何度．以地圖推算可知．

四界八到　四界八到者．即一縣之四面四隅也．東西南北．四面也．東北東南西北西南．四隅也．即一縣之地南與某地爲界．北與某地爲界等是也．以此類推．宜以現在區域爲準．其區域或昔小而今大．或昔大而今小．亦宜叙明沿革原因．

幅員　幅員者．即面積若干方里．暨南北東西各相距之里數也．

形勢　形勢者．即本縣區域．是否險要也．或有無山水可倚．或在平原．或倚

【民国】察哈尔口北六县调查记

杨溥编。民国二十二年（1933）京城书局铅印本，另有1960年据京城书局铅印本传抄之本。前有贺培新序，凡例。正文卷端题："清苑杨溥。"

杨溥，字泊庐。曾在黑龙江省巴彦任职，后因东北沦陷，弃职入关，受命于北平政务委员会，充任调查河北、察哈尔两省吏治。口北六县皆远在边外，地处荒檄，各县情况缺少文字记载，杨溥亲临六县调查，将所得整编为该书。

察哈尔口北六县指张北、多伦、沽源、宝昌、康保、商都，该地前汉时为造阳郡之地，后汉设置乌桓校尉治理此地，此后数代有所更易。张北，原系张理厅，属宣化府；多伦，原系多伦厅，属宣化府；沽源，原系独石口厅，属宣化府。民国三年（1914），改此三厅分设三县，隶察哈尔特别区，十七年（1928），改区为省，均隶察哈尔省。宝昌，原系蒙古游牧地，隶太仆寺左翼牧场，民国七年（1918），成立设治局；康保，原系东翼四旗、西翼正黄半旗游牧地，归张理厅管辖，民国十一年（1922），成立设治局。民国十四年（1925），将此二设治局改设为宝昌县、商都县，属察哈尔特别区，十七年（1928）改区为省后，又隶察哈尔省。口北六县北接蒙古，东连热河，为贯通外蒙古之必经之地，乃国防要地。

该书共分十章，章下分节。第一章缘起，作者介绍了自己接受调查六县之职及到达目的地的经过；第二章口北六县沿革述要；第三章至第八章分别对六县介绍，叙述口北六县的政治、经济、教育、风俗等各个方面；第九章归途；第十章结论。作者对口北六县做了概论，并提出了治理六县的建议。作者认为口北六县多为贫瘠之地，物产不丰，百姓多为内地赤贫之户，因此经济文化不发达。

《察哈尔口北六县调查记》颇具游记之风，语言流畅，通俗易懂，文笔精练，且具有趣味性，内容所记均为作者亲历，内容不仅包括旅途经过，还包括各县沿革、地理、政治、经济、教育、民俗民风等方面。杨溥到达一地后，均记录对一地最直观印象，如到张家口后，记载了张家口市街状况，“市房整洁，马路多平坦处……商人交易朴实，毡毯商人在街旁陈列货物，尝领同客人到作房别选佳品，所陈货物无人看守，从不遗失，此为余亲历之，真善良风俗也”。在考察一地后指出制约该地发展的问题，如其在“张北政治现状”中尖锐地指出张北县政存在“省府无提纲携领之计划，中央法令切乎边情实际者甚少……县政府亦无一县之计划……登庸毫无标准”等问题，并详细记载了当地治安、赋税、经济、人口、教育等状况。在“宝昌县”一章，作者记载了竿马、嫁娶、赘婿、酗酒、服装等蒙古人风俗习惯，并分析了开辟蒙荒对内地气候的影响。更为可贵的是，作者还为各地发展提出了具体建议。诸如此类亲见材料为研究口北六县提供了重要参考资料，在历史、经济、社会、考古、环境等各方面均具有重要的史料价值，是方志文献的有益补充。

《中国古籍总目》史部方志类著录。北京师范大学藏有此志 1933 年京城书局铅印本。内蒙古自治区图书馆、张家口市图书馆藏有此志抄本。

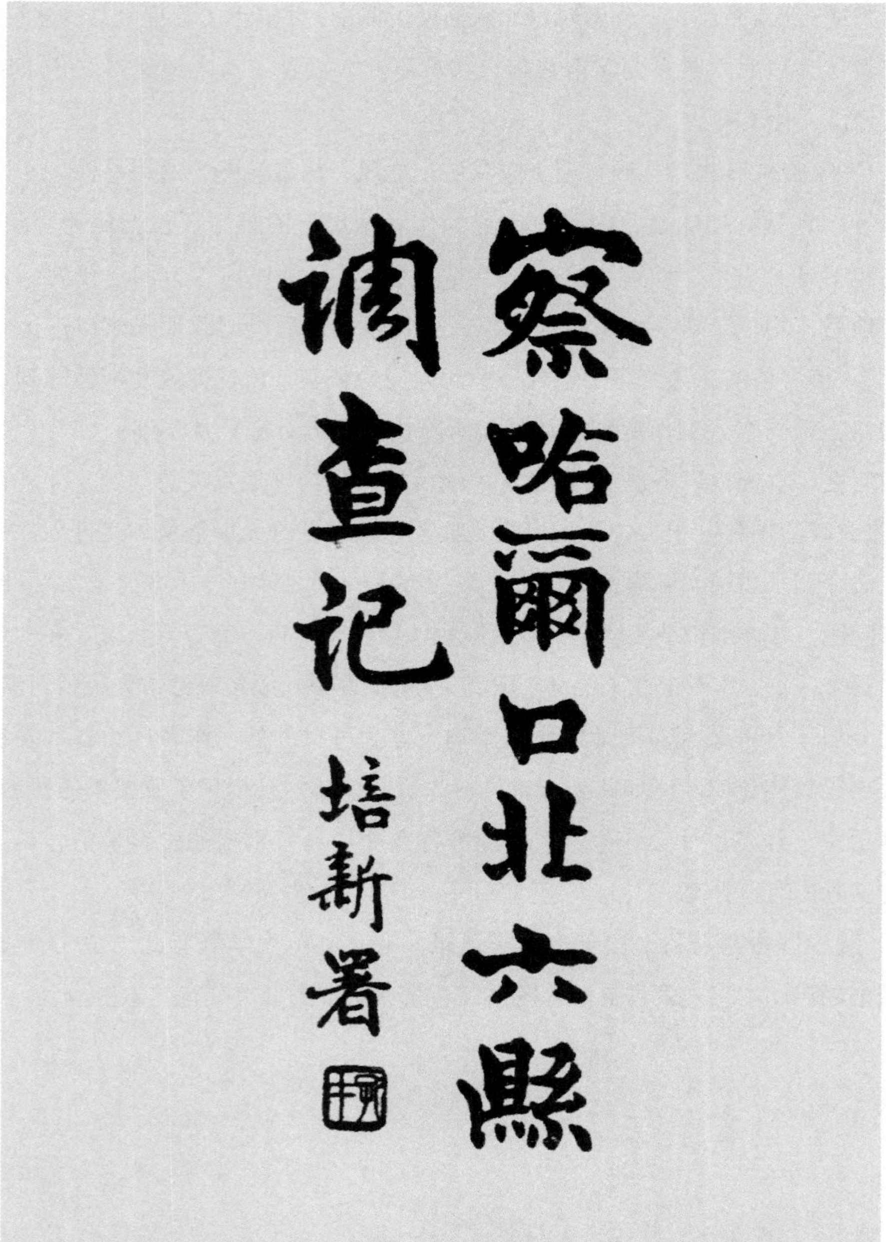
察哈爾口北六縣調查記

培新署

口北六縣調查記序

口北六縣調查記。清苑楊君泊廬所著。六縣者。張北、多倫、沽源、寶昌、康保、商都、是也。泊廬以良能出宰邊省有年。多循蹟。東北淪陷。棄職入關從革命考查口北吏治。泊廬以爲以嘗親民之官。攷求治民之事。燭照吏弊。宣呈民瘼。登崇俊良。拔去凶慝。樹建國之基。躋昌明之域。庶幾於是乎在。故不憚勞瘁著書富數萬言。冀當軸於弛張黜陟。有所憑依。因勢因時以斟酌乎至當。忠誠謀國。爲民請命。固不必居高明之地。秉回鈞之力而後然也。一命以上。皆與有責。職責所在。不能自逸焉。斯已耳。其效民胥蒙其福。其未效吾心猶得自安也。君子處世其施爲舉措自有本源。所不同乎流俗者類如此。惟是寇氛日熾。寖淫及於中原。人民走死流離。焚溺水火不堪紀極。微獨泊廬龍江

察哈爾口北六縣調查記

凡例

一、此編就調查所得。經歷所見。爲敘述便利。分爲十章。章後有節。聊供留心邊情者檢閱參考。非敢以著作傳世。故不重體裁。

一、各縣田賦。於額徵外。因蒙地私行開荒。另有蒙租。俗謂之私租。每於私租上附徵省欵。謂之另租。此項租賦。因檔案不齊。又爲數甚少。年徵及其分晰數，均付缺如。

一、稅收數目。因各局檔案不備。每隔一任。便難稽考。故徵進數目之起止年月。各縣互有參差。

一、稅捐新由包商收歸官辦。每縣稅目。一仍舊日習慣。尚未整訂劃一。故

【民国】察哈尔乡土志不分卷

林传甲撰。该书未见印本，仅于民国五年（1916）连载于《地学杂志》，故鲜为人知。朱士嘉《中国地方志综录》和中国天文史料普查整编组的《中国地方志联合目录》均未著录。是志前有绪言，并题“闽侯林传甲撰”。

林传甲（1877—1922），字奎腾，福建闽侯人。自幼聪颖，博览群书，尤好地理方志之书。1902年举乡试第一，两年后经严复推荐受聘为京师大学堂教授，讲授中国文学史，编著出版中国第一部《中国文学史》。民国初年任黑龙江教育司科长，其后曾在湖南、湖北、北京、广西、内蒙古等地从事教育、创办学校。其一生勤于著述，有“学界巨子”之誉。著有《大中华吉林地理志》《黑龙江乡土志》《河南志》等。该志是其出任察哈尔特别区教育厅厅长时所作。

清末民初，随着列强对我国的侵略日益深重，国人的亡国危机感愈益增强。知识界倡导“实用之学”，以提高国民素质，促进经济发展，解救国家于危亡之际。林传甲的初衷也在于此，他认为“世界各国教育最普及者莫如德意志，其教科最切实者则为乡土志”，因此，他撰《黑龙江乡土志》以为初等课本，撰《察哈尔乡土志》以为师范讲义，“愿诸生从事国民教育以德意志为法，吾国乃足以立国矣”。

是志正文并无纲领也不分卷次，仅有子目七十：绪言、察哈尔特别区域之位置、奎腾梁山脉、奎腾梁南系诸山脉、奎腾梁东南诸山脉、奎腾梁东干各支脉、奎腾梁东北各山脉、滦河流域、白河流域、永定河流域之清水河、永定河流域之东洋河、永定河流域之御河、黄河流域之黑水河、昂古里湖流域、东海子流域、多伦诺尔诸湖泊、锡林郭勒各河泊、沙漠之区域、沙漠之状况、井泉、万里长城、长城古迹及古城、气候、地势、地质与矿产之煤层、地质之盐碱、地质所含之金类矿、农产之植物、蔬圃之植物、森林之植物、药用之植物、花草诸植物、野生之动物、家畜之动物、虫鱼诸动物、制造物品、人种、言语、衣服、饮食、居处、器用、宗教、节序、家族、礼俗、政区、道制、县制、警察、陆军蒙盟、察防、牧厂、台站、财政、司法、教育、蒙文、文化、农垦、商场、货币、娱乐场、铁路、道路、桥梁、电信、邮政。全志约两万字。

与大多数乡土志一样，该志内容极简，虽设目繁多，但每目内容不过二三百字。虽然简略，但作为察哈尔特别区设立以来可见的第一部方志，该志具有一定的历史价值。如家畜之动物一条除记载当地家畜外，还有关于引进外来品种改良本地物种的记载，“近日，农商部第一种畜实验场所养美利奴羊来自西班牙，剪毛出售，为利颇巨，为本地羊所不及，又自英国运来巴克西猪，两耳朵不垂，首尾四足皆白，名曰六白种，生三月已如常猪，可养至七八百斤，又取西伯利亚之马改良马种，然自西伯利亚马入中国，旧种日微，亦天演之可畏者”。再如，野生之动物条对察哈尔地区的野生动物种类做了详尽介绍，为我们了解民国察哈尔生态环境提供了珍贵的史料。

但《察哈尔乡土志》也存在很多缺陷。作为察哈尔地区的第一部方志，本应贯通古今，以明示沿革，但林传甲仅从实用出发，“不搜辑故纸，而喜从事于新调查”，致使该志没有历史沿革的记载，甚至没有察哈尔特别区设立的相关记载。此外，该志在设目上缺乏整合，过于繁琐。再者，因作者不通晓蒙文，使得涉及蒙古的内容纰漏频出。尽管存在诸多不足，但作为察哈尔设立行政区划以来的第一部方志，林传甲仍具首创之功。

中国国家图书馆、内蒙古自治区图书馆、中山大学图书馆藏有该志。

察哈爾鄉土志緒言

閻侯林傳撰

世界各國教育最普及者莫如德意志其教科最切實有用者則為鄉土志吾國自甲午庚子之後始發憤興學南皮張文襄公奏定學堂章程初等小學歷史地理格致皆以鄉土志為課本惜當時各省各縣任教育者未有能實力奉行良法美意知者蓋尠余嘗撰黑龍江鄉土志為初等課本未幾初等歷史地理格致併於國文於是小學界畢業者遂空

至庫倫為電線正幹有支線至多倫以通經棚林西則軍用電線也張綏鐵路西駛於是以豐鎮先立電局蓋歸綏電線所必經也此外如獨石興和陶林等縣均未設電報至於電話亦自張家口殿始凡察哈爾軍政紳商學界用電報外僅有中級機關以上豐鎮有機關三十餘處亦擬籌設電話若電燈亦由商人組織公司從張家口辦起須俟區會已定再添電報或由多倫接線或由豐鎮接線以期消息靈通電氣發達世界都市必有電車則須俟地方發展後再行籌辦耳

郵政

口北郵政張北通多倫縣直達之郵路須由張家口南赴宣化又東北經龍關縣赤城縣至獨石口又東北至多倫縣出境繞經棚林西赤峯圍場而達於熱河又一郵路京綏鐵路西經天鎮陽高大同而達於豐鎮北由陸路至陶林西由天成村祥和地而至涼城又東由隆盛莊張皋鎮興和縣南壕土木路洗馬林至紫溝堡而達於鐵路又大同亦有陸路郵局由左雲右玉出殺虎口以達涼城云

【乾隆】口北三厅志十六卷首一卷

清金志章纂，清黄可润校补。二函十二册。半页十行二十二字小字双行同，白口，四周单边，单黑鱼尾。框高18厘米，宽14.5厘米。前有乾隆二十三年（1758）黄可润序，口北三厅全图，目录，首有《制敕志》。

金志章，初名士奇，字绘卣，号江声，浙江钱塘（今杭州）人。清雍正元年（1723）举人，乾隆四年（1739）内阁中书迁侍读，出为直隶口北道，驻宣化府，七年（1742）离任。志章热衷诗文创作，与当时的文史大家杭世骏、厉鹗齐名。著有《江声草堂诗集》《始游集》《吴山伍公庙志》等。

黄可润，字泽夫，号壶溪，福建龙溪（今龙海）人，乾隆四年进士，曾任无极县知县、宣化县知县。官历易州知府、黄州知府、河间知府等。著有《宣化府志》《壶溪诗文集》等。

口北三厅是清代为管理民族杂居的边地而设立的地方行政机构。清雍正二年（1724）置张家口厅（今河北省张家口市），管理官地及察哈尔镶黄旗、正黄半旗蒙民及口内蔚、保安二州，宣化、万全、怀安、西宁四县旗民事务；十年（1732）置多伦诺尔厅（今内蒙古多伦县），管理察哈尔东翼四旗及蒙古内札萨克与喀尔喀旗民事务；十二年（1734）置独石口厅（今河北赤城县北独石口），管辖官地及察哈尔东翼四旗并口内延庆州及赤城、龙门、怀来三县旗民事务。并隶于口北道，合成口北三厅。属直隶。口北三厅存在二百余年，成为清廷边地治理的成功案例。1913年，改置张北、多伦、独石三县。

金志章纂修《口北三厅志》的时间，据学者忒莫勒在《建国前内蒙古方志考述》中考证认为“原稿当成于乾隆七年”。（忒莫勒:《建国前内蒙古方志考述》,246 页）黄可润在该志序言中说:“可润来尹宣邑，适郡志毁于火，因续刊之。三厅毗于宣，其事通，宫保制府桐城方公，发前口北道钱唐金副使所创《三厅志》，畀增校而梓以传焉”，由此可知，时任直隶总督的安徽桐城人方观承提供了金志章纂修的《三厅志》，让黄可润增校刊印。黄可润对该志的增补止于乾隆二十二年，乾隆二十三年，黄为该书作序，将其付梓刊印。该书未见其他刻本。

日本学者内藤虎次郎曾在 20 世纪初购得一部《口北三厅志》，他以汪康年抄本和《明实录》等史籍对该志进行校补，于 1919 年将其铅印出版，收入《满蒙丛书》卷一、卷二中，此本脱漏和错讹较多。

1968 年，台湾文海出版社将乾隆二十三年木刻本影印出版，收入《中国方志丛书》。2002 年，全国图书馆文献缩微复制中心影印出版《中国边疆史志集成》,《口北三厅志》被收于《内蒙古史志》中。

该志全书约二十五万字，前有《口北三厅全图》，其后分卷首一卷、正文十六卷。卷首为制敕，卷目依次为：卷一地舆（疆域附），卷二山川，卷三古迹，卷四职官（封建附）、官署（仓库营房附）、坛庙（寺观附），卷五经费（官俸役食附）、地粮、村窑户口、风俗物产，卷六台站、考牧，卷七蕃卫，卷八人物、列女，卷九至十一世纪，卷十二至十五艺文，卷十六杂志。未列纂修人员姓氏。

《口北三厅志》具有很高的历史价值，被后人誉为“边地名志”。该志旁征博引，取材广泛，据不完全统计，该志征引书籍近 120 种，以“山川志”为例，单记载张家口一地之山川，就引用了包括《畿辅通志》《万全县志》《宣镇图说》《辽史》等近 30 种文献，其中诸如《续宣镇志》《两镇三关志》一些文献如今早已亡佚或散失不全，通过《口北三厅志》我们尚能窥见这些文献之一斑。此外，该志内容丰富，门类齐全，反映了边地事务的方方面面。该志设目具有鲜明的地方特色，根据三厅开发实际情况和所处环境增加了台站、考牧、蕃卫等志，记载了察哈尔境内的台站分布及公私各牧场和邻近各蒙旗的情况，为研究塞北少数民族历史提供了珍贵史料。

《中国古籍总目》史部方志类著录。中国国家图书馆、中国科学院图书馆、中国社会科学院考古研究所图书馆、故宫博物院图书馆、中国第一历史档案馆、河北博物馆、保定市图书馆、石家庄市图书馆、张家口市图书馆、辽宁省图书馆、吉林省图书馆、东北师范大学图书馆等四十家收藏机构藏有此志。

口北三廳志

序

三廳古無志也三廳古未始有廳也蓋長城爲古邊腹之限起臨洮訖遼海萬有餘里而在宣境者千餘里居天下之脊長遮絶域以繞京師自古在昔有藩垣之喻有門户之喻有人身項背之喻顧古出居庸則爲邊而

巴林王
敖漢
大頭山
八溝
七溝
六溝
冷口
山海關

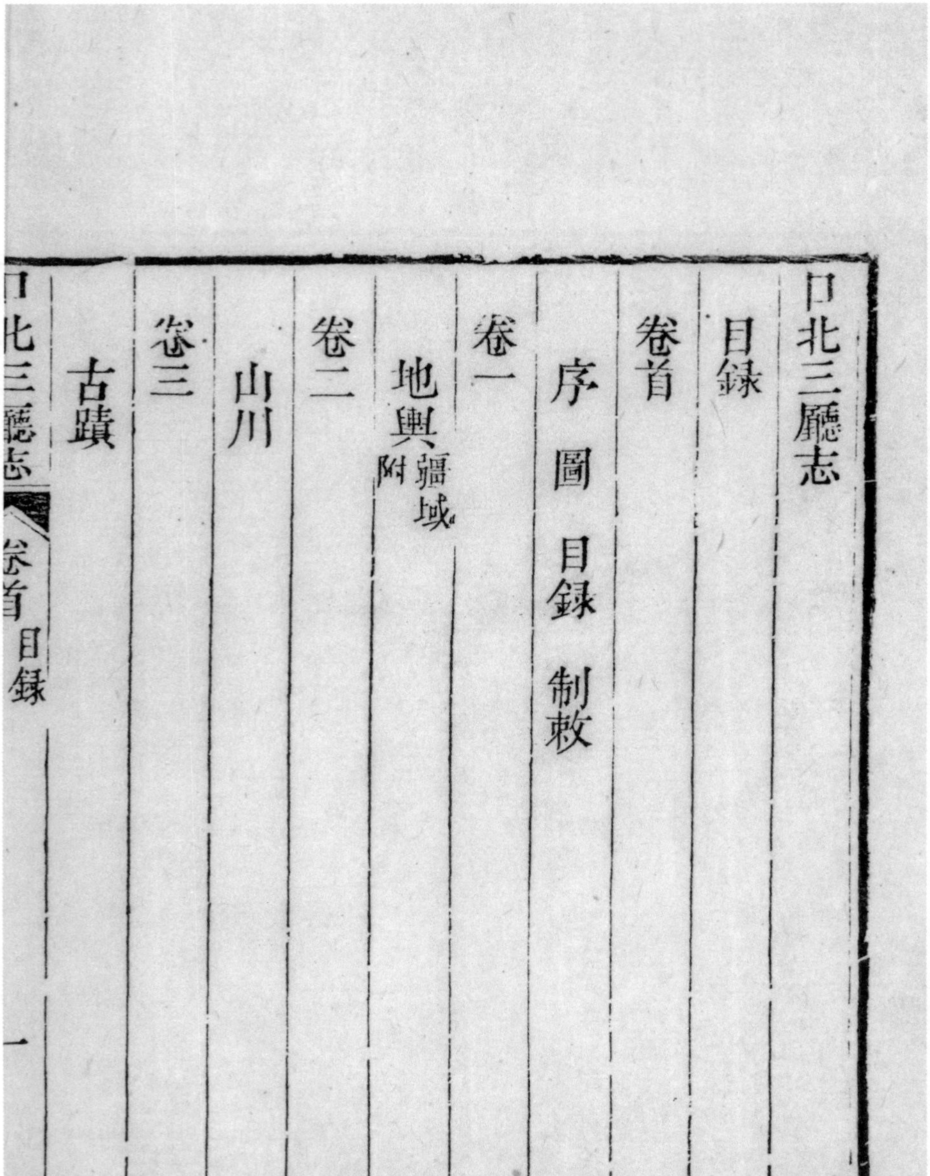

口北三廳志

目録

卷首

序 圖 目録 制敕

卷一

地輿 附疆域

卷二

山川

卷三

古蹟

口北三廳志 卷首 目録 一

口北三廳志卷之一

地輿志 疆域附

北垂沙漠所以絶內外然天子有道守在四夷德之所及固自遠也

國家自平宰賽定察漢軍律之播肇於兀蘇

聖祖仁皇帝親征漠北總四十九部而帡幪之

聖聖相承其寧惟永口北三廳之設蓋適天保於采薇矣特合古今興廢沿革之由見光烈所昭莫盛於此焉

志地輿

三代荒服地

怀安县

怀安县属河北省张家口市，位于河北、山西、内蒙古三省区交界处，是通往西北的要道。该县始置于唐长庆二年（822），几经废置，于清康熙三十二年（1693）基本划定县境，属直隶宣化府。民国二年（1913）改隶口北道。民国十八年（1929）隶属察哈尔省。解放战争时期，县境分属天阳怀（天镇、阳高、怀安）联合县、兴天怀（兴和、天镇、怀安）联合县及宣涿怀（宣化、涿鹿、怀安）联合县。1948年联合县撤销，恢复怀安县制，属察南专区。1948年11月29日，中国人民解放军解放县境。中华人民共和国成立后，怀安曾与万全县合并，直至1961年，两县分置，怀安属张家口地区。

怀安县旧志书现存四种，其一为［乾隆］《怀安县志》二十四卷，列二十四门，有清乾隆六年（1741）刻本；其二为［光绪］《怀安县志》八卷，分二十三门二十四目，有清光绪二年（1876）刻本；其三为［民国］《怀安县志》十卷首一卷，分八门七十九目，有民国二十三年（1934）铅印本；其四为［民国］《怀安县志材料》不分卷，当为民国志初稿，存民国抄本。

【乾隆】怀安县志二十四卷

清杨大昆、钱戢曾纂。清乾隆六年（1741）刻本。四册。半页十行二十二字，白口，四周双边，单鱼尾。前有金志章、杨大昆、钱戢曾三序，《杨公德政志》，凡例，纂修姓氏，原稿姓氏，图，目录。卷端题："知怀安县事济南杨大坤纂修。"

杨大昆（1699—1779），字玉峰，山东济南人，历任龙门、丰润知县，清乾隆四年（1739）任怀安知县，在任期间，重土爱民，治水患、修县志、结办疑难案件，是不可多得的良吏，卒于乾隆四十四年（1779），享年八十岁。

钱戢曾，字集轩，浙江钱塘（今杭州）人，清雍正十年（1732）举人，拣选知县。

通过书前序文可知，怀安县旧无志书，清康熙三十二年（1693）置县以来，先有知县殷邦翰于康熙四十五年（1706）首修县志，后有知县武一韩在雍正九年（1731）续修之，然二稿均未付梓，书稿日久渐佚。清乾隆四年（1739），杨大昆任怀安知县，尝感叹"凡在直省，为统志、为省志、为郡志邑志，莫不朝有成书，野有定本，独怀邑之缺焉未详"，他认为其上任之后纂修县志是当务之急的大事。其后，杨大昆收集到殷氏志稿和武氏续稿，仔细研读，多次请示上级纂修县志。适逢清乾隆六年（1741），宣化府知府王者辅下令各州县纂修志书，杨大昆延聘钱塘钱戢曾于县署西开局修志，"网罗放失旧闻，始就殷武二稿讲去其非而求其是"，还参考列代史、镇志、通志、邻郡邑志，征疑考信。杨大昆亲自参与纂修，每一稿出，均与钱珉曾反复商榷参订而后付钞，经四月，三易其稿而成书。

该志前有舆图，包括四境图、城池图、县治图、文庙图；八景图，包括洞天炼药、虎窝夏冰、神石生云、花山铺锦、斑石长春、碧潭映月、古垒呈奇、温泉冬沸。正文二十四卷，卷目依次为：卷一星野，卷二沿革，卷三形胜，卷四疆域，卷五山川，卷六城池，卷七公署，卷八学校，卷九田赋，卷十户口，卷十一武备，卷十二驿站，卷十三祠祀，卷十四古迹，卷十五风俗，卷十六方产，卷十七职官，卷十八选举，卷十九明宦，卷二十人物，卷二十一列女，卷二十二灾祥，卷二十三外纪，卷二十四艺文。

该志为怀安设县以来的首部县志，体例完整，取材广泛，行文严谨，内容丰富。由于怀安自古为军事要冲，该志"武备志"对清初武备政策、该地兵将设置、营马数量、兵饷供给、兵器种类数量、营汛烽墩数目等均有详细记载，并附载明制，为研究明清怀安兵防提供了丰富翔实的资料；另特设"驿站志"对怀安驿站人员设置、马匹数量、银粮供给、马夫人数、增补情况等内容一一详载，为研究古代驿站提供了珍贵的史料。

《中国古籍总目》史部方志类著录。中国国家图书馆、故宫博物院图书馆、北京大学图书馆、清华大学图书馆等九家收藏机构藏有该志。

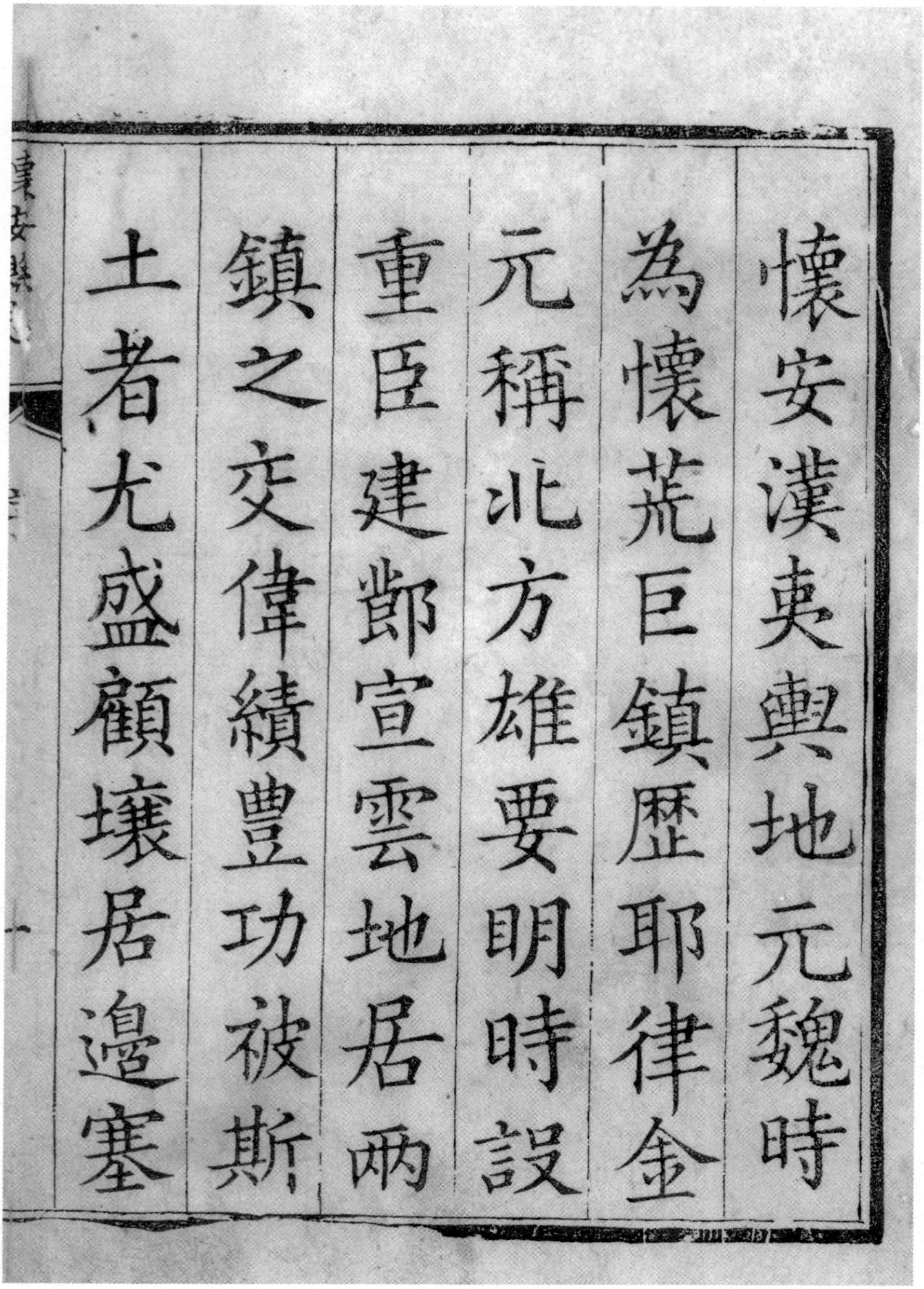

懷安漢夷輿地元魏時為懷荒巨鎮歷耶律金元稱北方雄要明時設重臣建鄣宣雲地居兩鎮之交偉績豐功被斯土者尤盛顧壤居邊塞

序

古者列國皆有史官掌記時事郡縣而後史惟職之

朝廷四方時事輶軒採之稍有遺逸則亦無所參稽

守土者間慮及此迺仿周官土訓道訓遺意各以其

所覩記志於其書以守一方之籍以備輶軒之採葢

志亦綦重矣哉懷安故幽朔地上世卭索莫稽前明

始設衛所隸京師

國朝康熙三十二年迺改置為縣然百十年來政令掌

之官司賦粟籍之輿編土俗見之風謠文章禮樂傳

之遺族故家凡在直省為統志為省志為郡志邑志

凡例

一懷邑故無志乘康熙四十五年縣令三韓殷氏始
爲剏稾晉陽武氏續之二稿俱未付刊日久漸軼
茲彙加參訂考信補亡殊費蒐討覽者量其不逮
焉
一舊志稿爲綱十四分目九十標舉太瑣茲約爲二
十四卷不復繁稱而舊志綱目畢包其中
一星野從宣府志屬尾歷代罔有異同舊志稿兼列
昴宿未知昉於何書或者以備占驗聊仍兩存
一沿革按明孫太史宣鎮志統舉一郡大畧于懷邑

懷安縣志

纂修姓氏

纂修

懷安縣知縣楊大崑玉峰山東濟南人

編修

揀選知縣壬子科舉人錢戢曾集軒浙江錢塘人

監修

懷安城守都司孫至剛作元江西彭澤人

參訂

懷安縣儒學教諭曹運有謨直隸固安人

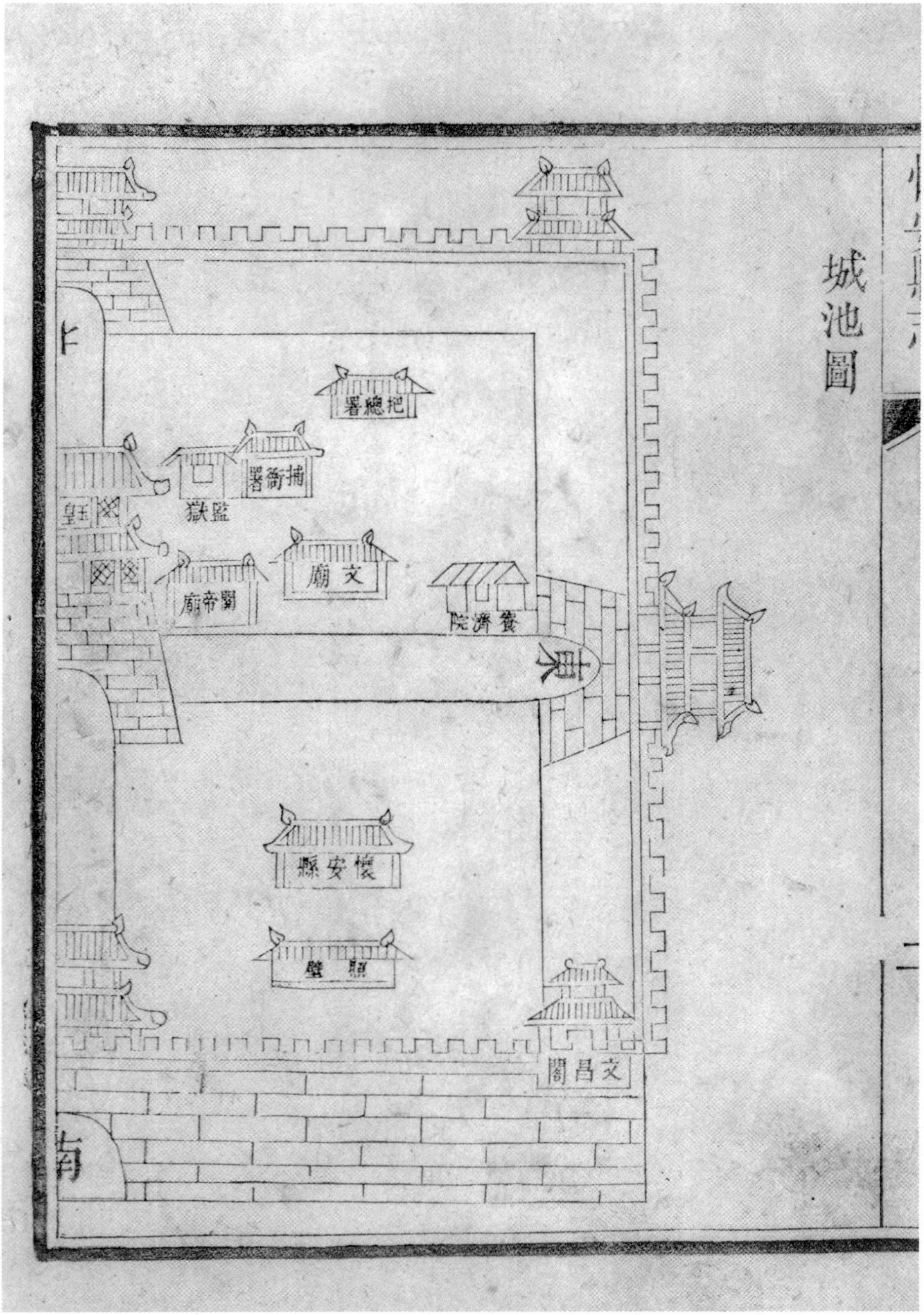
城池圖
把總署
捕衙署
監獄
文廟
關帝廟
養濟院
東
懷安縣
照壁
文昌閣
南

懷安縣志目錄

懷安縣志卷之一

知懷安縣事濟南楊大崑纂修

星野

封域分星久矣然嘗疑之及考宋鄭宗疆婺星辨引杜預主祀之義謂惟其人主是星而爲之祀則是星休咎亦隨其地而爲之應乃恍然於理之可信而星家者流囿於歲星所封五星所舍命國之論沾沾尺寸求合不已踈乎懷安屬宣府燕分其星占尾舊說相沿莫易後人乃稱兼次大梁夫以一邑而占二星地極不應若是之廣以二星而舍一邑天經不應若

【光绪】怀安县志八卷首一卷末一卷

清荫禄修，程夑奎纂。清光绪二年（1876）刻本。一函四册。半页十行二十二字小字双行同，白口，四周双边，单鱼尾。框高19厘米，宽15厘米。前有荫禄序，李葆贞序，程樊奎序，并附［乾隆］《怀安县志》金志章、杨大昆、钱戢曾三序，其后又有凡例，怀安县志续修姓氏，［乾隆］《怀安县志》纂修姓氏，《怀安县志》原稿姓氏，目录，舆图，八景图。卷端题："知怀安县事长白荫禄续修。"

荫禄，字士奇，正白旗满洲岱纶佐领下人，曾任怀安县知县。

程夑奎，一名含诏，字子凤。湖北孝感人。清同治三年（1864）举人。怀安文昌书院主讲。议叙候选知县。官湖北京山县训导。著有《素位堂诗文集》。

志前各序言详细记载了该志的纂修经过。清光绪元年（1875）李葆贞调任怀安知县。葆贞，荆州府松滋县（今湖北松滋）人，字廉夫。其有感于怀安自清乾隆六年（1741）修志之后，至今又过一百三十余年，其间沧海变迁无所稽考，旧志亟待续修。于是延聘文昌书院主讲程夑奎执笔该志。然志未成，李葆贞因丧，闻讣去官，抱憾而归，仅为该志作序一篇，书其缘起。其后，刘友梅代理知县月余，亦未完成。光绪二年（1876）荫禄调任怀安知县，到任即以完成该志为己任，敦促程夑奎完成纂修，并亲自参与纂修，"每撰一条即与程君商榷"，不敢有一丝懈怠。历数月，［光绪］《怀安县志》脱稿付梓。

该志共分八卷，首终各一卷，二十三门二十四志，约十四万字。是志编次：卷首（图序、凡例），卷一方舆志，包括星野、沿革（形势附）、疆域、山川（古迹附），卷二建置志，包括城池（墩铺桥梁附）、公署（库局、仓厫、营房、坊表、邮政附）、学校（书院、义学附）、祠祀，卷三食货志，包括田赋、户口、经费（书院生息、宾兴生息、各条规附）、风俗（岁时、方产附）、灾祥，卷四武备志，包括军制、驿站，卷五秩官表，包括文职（明宦附）、武职（武略附），卷六选举表，包括文科、武科，卷七人物志，包括懿行、列女，卷八艺文志，包括杂著（疏考序传记）、杂咏（诗古），卷终志余，怀安八景附。

是志在体例上大多承袭前志，“间取原刻，例仍其旧”，但又整合归并，使之有纲有目，以归简明，秩次井然。是志在“食货”下增设“经费”一门，详载怀安县各项开支用度，包括知县俸银，门子、皂隶、仵作等各类差役的食银，会试举人的盘费银，新中文举人、文进士德牌坊银，新中武举人、武进士的花红旗匾银。另记载了书院生息及条规、宾兴生息及条规，翔实地反映了书院经费来源、支出、书院规章及宾兴助学内容，是研究怀安古代教育的珍贵史料。

《中国古籍总目》史部方志类著录。中国国家图书馆、故宫博物院图书馆、张家口市图书馆、辽宁省图书馆、内蒙古大学图书馆等近四十家收藏机构藏有该志。

懷安縣志

光緒二年丙子續修

卷首志目

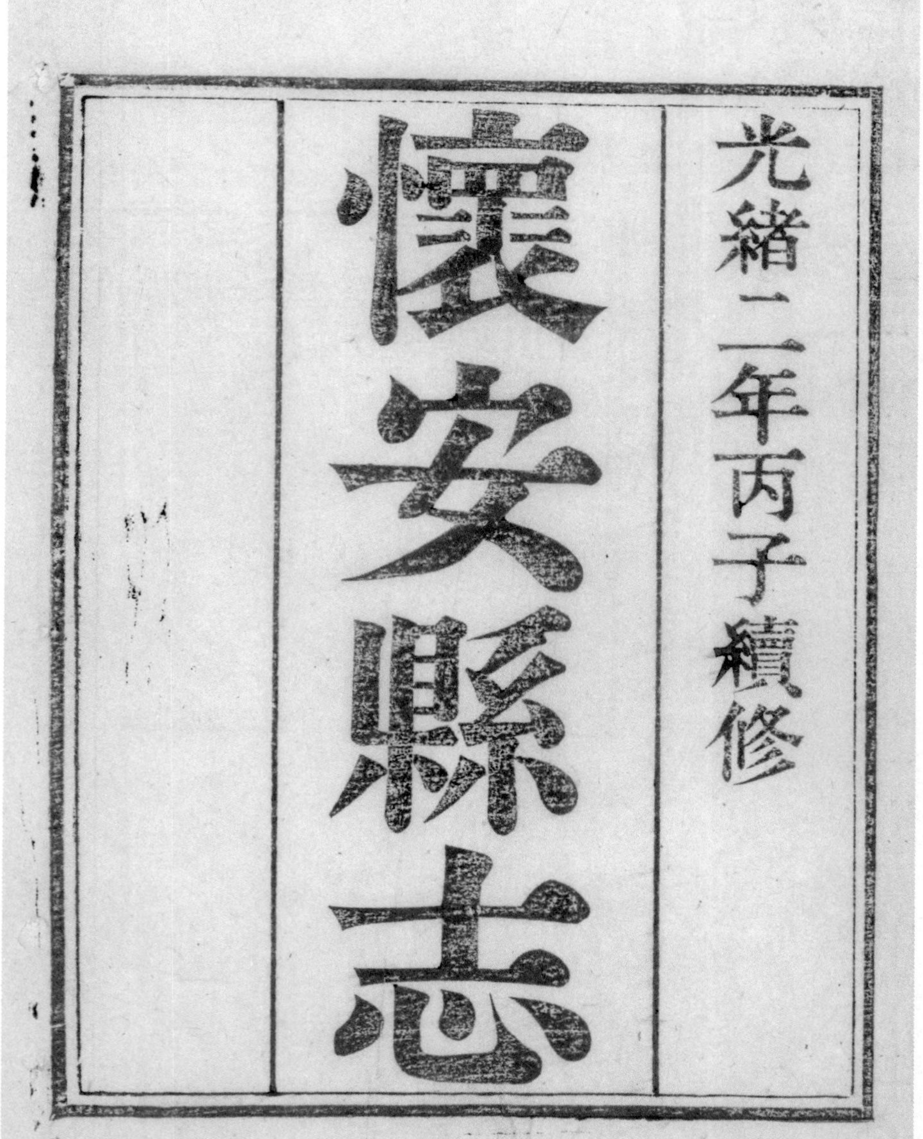
光緒二年丙子續修

懷安縣志

續修懷安縣志序

事莫勞於創莫逸於因然已因亦有勞者乎曰有平地而構連雲庭何嚮戶何嚮既測景而契龜矣梓若干陶若干又購材而運甓矣萬一逡巡而榱桷埴埏

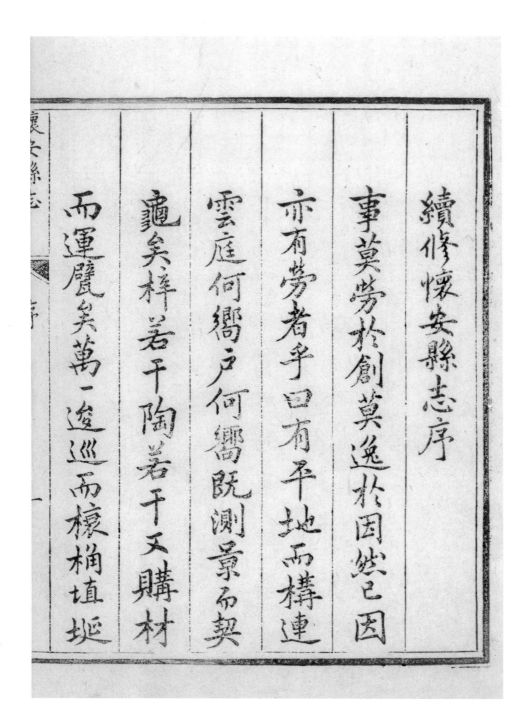

序

古無志之名自有虞氏肇十有二州夏禹制爲九州凡山川土田物產貢賦悉著於書而紀載昉焉周禮大司徒以天下土地之圖周知地域廣輪之數辨其山林川澤邱陵墳衍原隰之所宜物以及土訓掌道地圖誦訓掌道方志視昔尤詳郡縣而後如郡國地志寰宇志記則又彌見洽聞各臻其盛而最善莫如唐宰相杜佑爲淮南節度使記室時創爲通典其書由食貨以迄邊防起例分門釐然具備後來取則蔑以加茲洪惟我

懷安縣志凡例

一懷安縣志創自　本朝康熙四十五年殷武二槀均未鋟梓至乾隆六年前令濟南楊氏始編定付刊計距今百三十餘載急宜增修俾資掌故因廣為蒐輯分綴於篇而以八綱統之間取原刻諸目並附以歸簡明例仍其舊省力多多矣

一方輿志懷邑隸上谷的係尾星分野前宰殷武俱以界連雲中兼占昴宿然皆出於揣測無攷證也獨楊氏之說確乎可宗今從之而於殷武二說不復置辯至沿革疆域山川向已蒐討盡善其闕疑處畢竟無

懷安縣志續修姓氏

續修

懷安縣知縣 蔭祿士奇 滿洲正白旗人

協修

議叙候選知縣 程燮奎子鳳 湖北孝感人

監修

懷安縣學教諭 劉鳳鳴文佩 直隸東鹿人

候選訓導廩貢生 宗光熹暖堂 邑人

候選訓導歲貢生 馮兆吉謙齋 邑人

附貢生 徐登甲子先 邑人

懷安縣志目錄

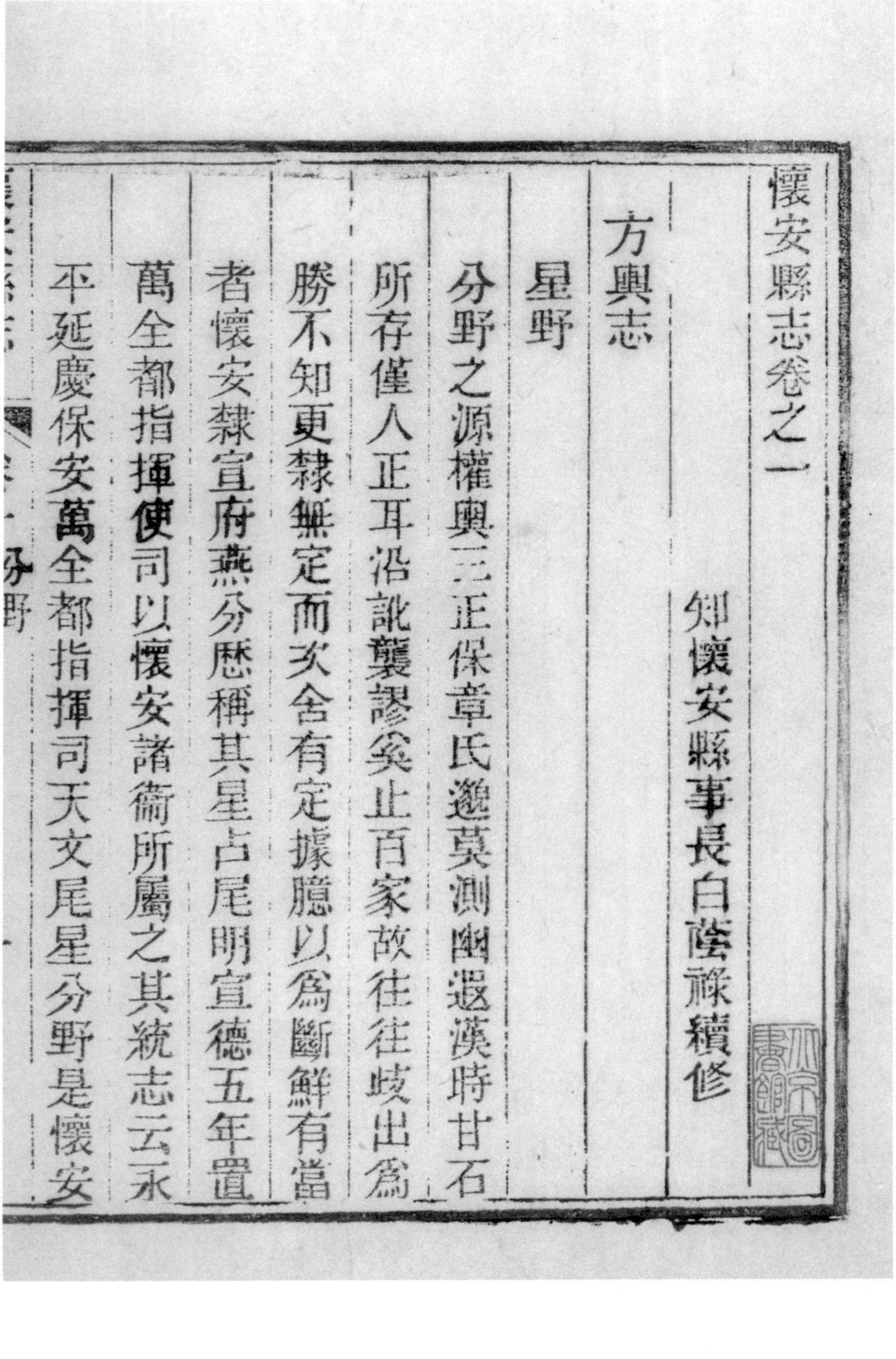

懷安縣志卷之一

知懷安縣事長白蔭祿續修

方輿志

星野

分野之源權輿三正保章氏邈莫測幽遐漢時甘石所存僅人正耳沿訛襲謬奚止百家故往往岐出爲勝不知更隸無定而次舍有定據臆以爲斷鮮有當者懷安隸宣府燕分歷稱其星占尾明宣德五年置萬全都指揮使司以懷安諸衞所屬之其統志云永平延慶保安萬全都指揮司天文尾星分野是懷安

分野

【民国】怀安县志十卷首一卷

景佐纲修，张镜渊纂。民国二十三年（1934）铅印本。一函十册。半页十四行三十一字，白口，四周双边，单鱼尾。前有民国二十三年景佐纲等人作序五篇、怀安县志首次集稿姓名录、怀安县志第一期纂修姓名录（清乾隆六年）、怀安县志第二期续修姓名录（清光绪二年）、修志职员表，孙中山总理遗像及遗嘱、怀安县长景佐纲及怀安县志编修馆总纂张镜渊肖像、县志编修馆全体与县政会议出席人员合影，怀安县城平面图，治城东大街及玉皇阁照片，孔子庙照片，怀安县公有古物照片，怀安县柴沟堡城关略图，怀安县左卫镇略图，凡例，目录。

景佐纲（1894—1979），辽宁省本溪人，时任怀安县县长。毕业于国立北京法政专门学校，历任辽宁复县知事及河北宣化、怀来等县县长。1942年在监察院任职。

张镜渊（1880—1941），字溥泉，河北怀安县人。[民国]《怀安县志》主纂。从民国元年（1912）开始，先后担任顺直省议员、直隶省议员、省长公署咨议。民国十八年（1929）经河北省县长考试委员会考试合格取得佐治员资格，同年河北训政学院毕业，先后出任省财政厅二科主任，中央检契处主任，河北青县、察北多伦、山西交城、陕西耀县政府秘书、秘书长，天津甲种水产学校训育主任，察省第一师范国文教员等职。民国二十一年（1932）八月，复经中央考试院甄别合格，给予院凭注册。民国二十三年（1934）纂修《怀安县志》。（刘海林：《张家口人物志》，北京党建读物出版社，2005）

志前景佐纲、张镜渊所作之序详细记载了该志的编修经过。宋哲元主政察哈尔期间，“以察省划治未久，外鉴于边患之危急，而内憾于文献无征，遂有省通志馆之设”（《怀安县志》景佐纲序），并饬令各县在为纂修省通志搜集资料的同时完成本县的县志编修工作。此令一出，经前任县长苏观洲（瀛仙）交由县政会议，成立县志编纂会，推荐张镜渊为主纂。此时张镜渊已应张北县修志事，且不愿遗臭桑梓，所以断然辞聘。其后，苏瀛仙调往康保，景佐纲继任县长，仍力主延聘张镜渊担任主纂，并派员面陈大义，张遂返回怀安县，改组编纂会，成立县志编修馆，以景佐纲为馆长，张镜渊担任主纂，杨海春、宗绍圃、夏叙五为分纂，梁象亭为缮稿。于三月十九日，借用乡师地址办公，开始制表，着手查编。编修馆事先拟定所供通志材料与编修县志程序，“即以原料共为一炉，成品分为两作，一方不误通志取材，同时稍具县志粗型，专重事实，不尚词华，惟求敏捷，不计体裁，但有所获，书无不尽”。该志纂修原则为“凡属事实不变，及原本词意并无违背时代性者，间取旧志；审与现代事实不符，或有新现事迹，旧志未能包括者，均又另详搜辑，以期达到科学化之整理也”。此次修志历时八个月，于民国二十三年付梓。张镜渊还亲自采用隶、篆二体为该志题写封面题签和分志篇目，字体俊秀，笔法流畅。

该志书前有《怀安县城平面图》，正文共十卷，分八门七十九目：卷一疆域志（沿革、经纬度、四界八到、幅员、形势、山、水、土质、村庄、古迹、名胜、关隘、气候），卷二政治志一（官制、自治、户口、风俗、警察、民团、卫生、宗教、典祀），卷三政治志二（税务、实业、教育、司法、军务、党务），卷四建置志（城池、官署、营垒、仓库、市场、提拔、沟渠、桥梁、堡寨、祠庙），卷五交通志（省路、县路、村镇市路、铁道、汽车路、电报、电话、马驼及行人路），物产志（动物、植物、矿产），卷六人物志一（秩官、名宦、乡贤、科第），卷七人物志二（选举、孝义、烈士、流寓、列女），卷八人物三中等以上毕业生，卷九艺文志（著作、题咏、书画、武术、谚语），卷十志余（大事记、轶事、遗闻、文昌书院租息、桦林交涉、古物发现、大学、贷费小学补助费、图书馆阅报所、修志经过）。

就体例而言，该志仍属于传统志书的范畴，但门类不足以包罗民国新时代的社会发展内容，所以此志在旧的纲目下加入了诸多富有时代特色的新内容，如“政治志”中涉及了自治、警察、民团、党务等内容，其中“警察”一目记载了警察薪金及经费，为我们了解民国察哈尔各地警局的规模及警察的待遇等问题提供了第一手史料。同时，该志尤其注重实业，牛汉昭作序云：“现处科学时代，县志主要原则，应为各实业专家之结晶作品，俾民众奉为知识之导师。”“政治志”中专设“实业”一目，详述农、工、商业发展状况，其中“农业”一目对当地生产的小麦、谷、黍、稻、豆类、高粱、山药等农作物及耕种时间、用籽数量均加以记载。值得注意的是，该志在“政治志”“风俗”一目中附妇女生活一条，列有妇女职业、装饰、教育经济、家庭待遇等内容的介绍，体现民国时期风气渐开，妇女社会地位有所提高，但是“列女传”仍在宣扬“从一不二”“终身不渝”等封建伦理观念，这种矛盾的现象也正是民国时期新旧裂变的社会转型期特有的文化现象。

《中国古籍总目》史部方志类著录。中国国家图书馆、中国第一历史档案馆、中国历史博物馆、北京大学图书馆、上海图书馆、天津市人民图书馆、石家庄市图书馆、张家口市图书馆、内蒙古自治区图书馆等三十余家收藏机构藏有此志。

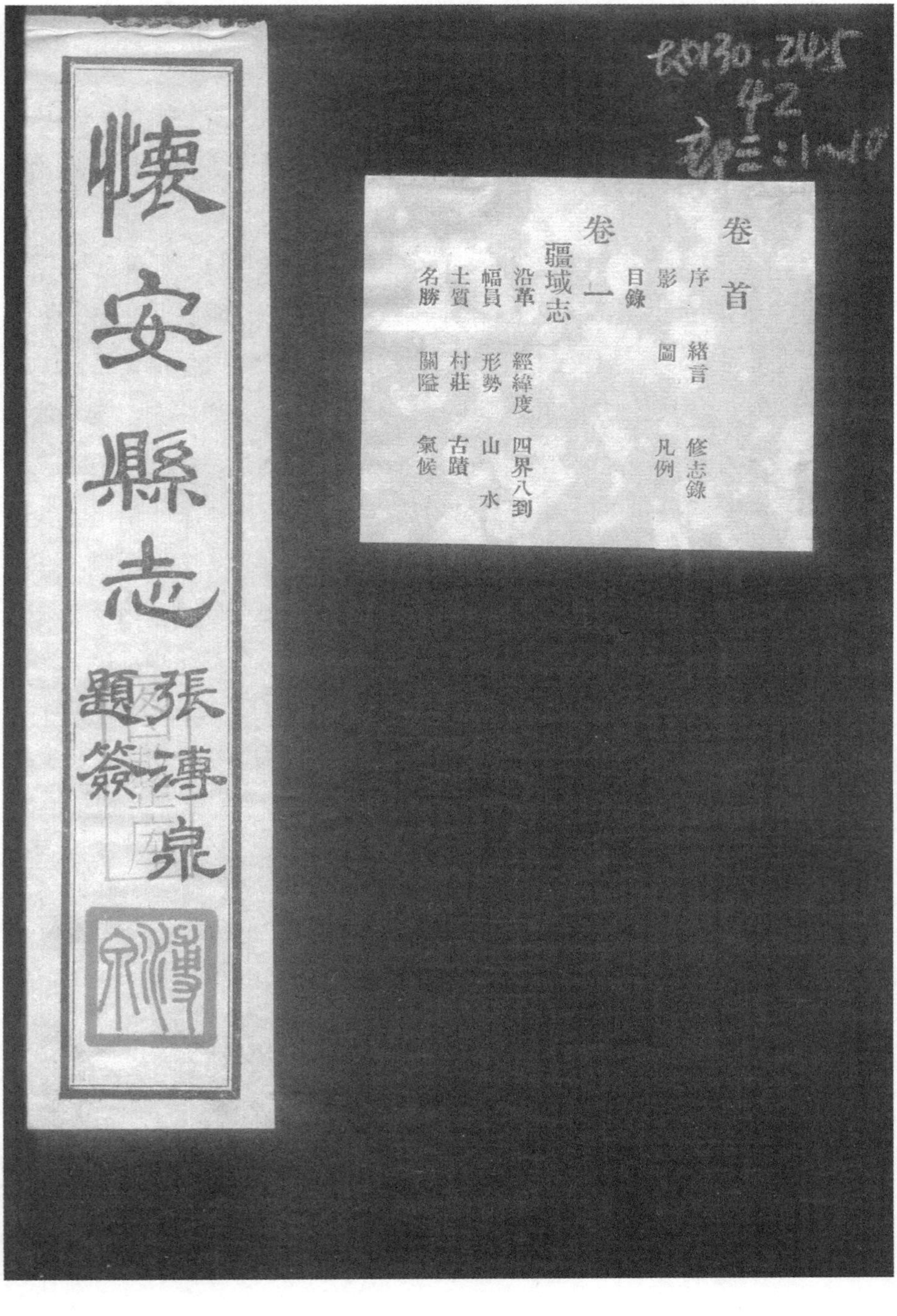
懷安縣志
張溥泉題簽
卷首
序　緒言　修志錄
影　圖　凡例
目錄
卷一
疆域志
沿革　經緯度　四界八到
幅員　形勢　山水
土質　村莊　古蹟
名勝　關隘　氣候

懷安縣志卷首

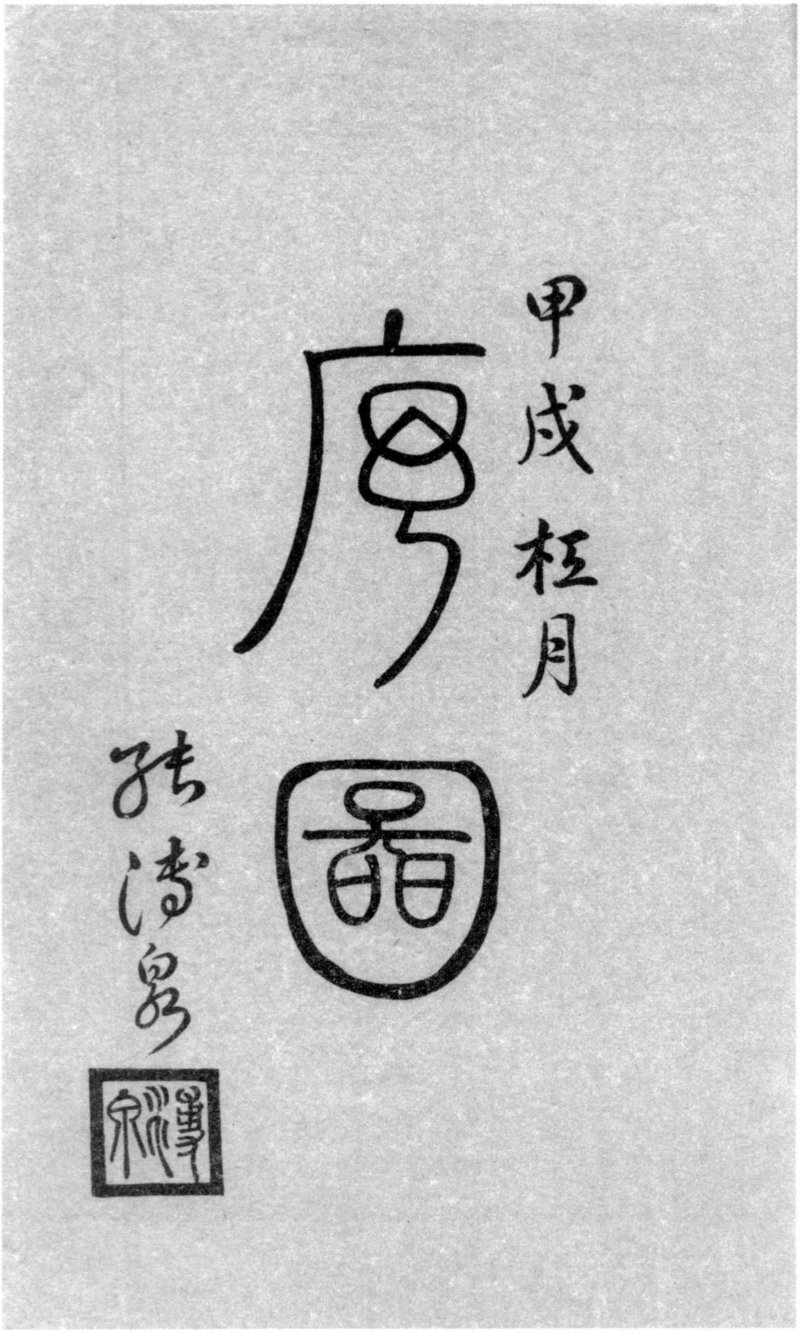
甲戌桂月

重修懷安縣縣志序

上年秋八月

主席宋公，返主察政，整軍經武，勵精圖治，以察省劃治未久，外鑒於邊患之危急，而內憾於文獻無徵，遂有省通志館之設；並令各縣酌修舊志，及採輯省志材料，其治事之勇，用意之深，能勿令人聞風興起也耶?!

佐綱適於今春二月，來長斯邦，攬籍披圖，多闕而未詳；蓋本縣縣志，自前清光緒二年重修後，迄今已六十年矣，非唯中間縣事之變遷，久闕待續；即天地之文，亦非復盡如當時。況此六十年中，而國體更易，而外患侵陵，民族岌危，國運轉變，已另開一新紀元乎?!凡因此而推演之事實，均非原志之所有，不足以供省志之採擷，而爲有志者之考證，勢不得不仰

懷安縣志首次集稿姓名錄 年月無攷

編訂	姓名	次豪	籍貫	略歷
初藁	殷邦翰		奉天鑲白旗人	前任懷安縣知縣歷陞陝西涼莊道
同訂	林盛	大林	湖廣楚黃人	清歲貢生
續藁	武一韓		山西太谷人	前任懷安縣知縣
拾遺	周昇		本縣人	清武生

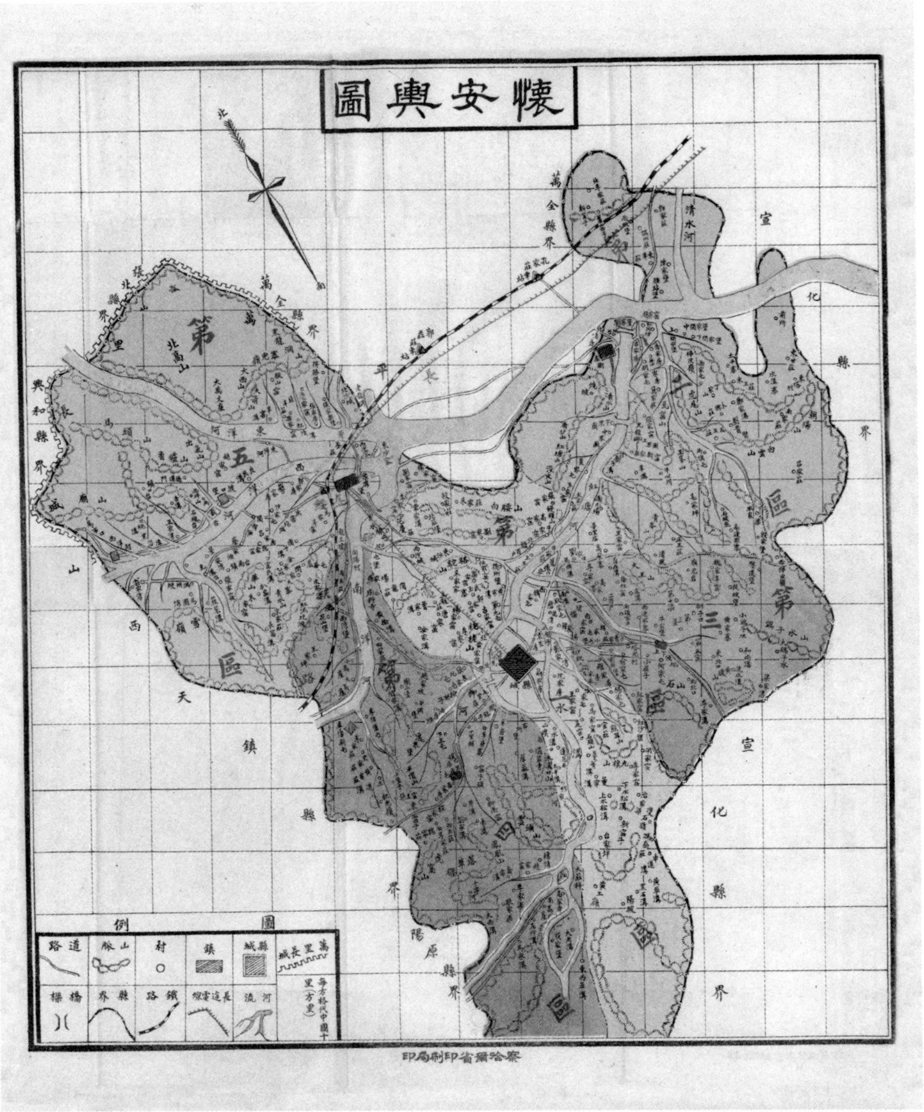
懷安輿圖
萬全縣界
宣化縣界
天鎮縣界
陽原縣界
興和縣界
張北縣界
山西
清水河
第一區
第二區
第三區
第四區
第五區
圖例
道路
山脈
村
鎮
縣城
萬里長城
河流
長途電線
鐵路
縣界
橋樑
每方格代中國十里(方里)
察哈爾省印刷局印

懷安縣志

凡例

(一)懷安縣志，創自乾隆六年，續修光緒二年，距今又越五十八載。茲因察省創修通志，徵取材料，並令重修縣志，善政也！惟以國體鼎革，政治繁新，所有舊志材料，均與現代不合；其間損益求全，考信補亡，殊費蒐討；較之創編，有過之無不及。非敢妄肆更張，實因時代之需要，非此不可也。

(二)本志定爲七綱，志餘一；七十九目，分十卷。所採文字，注重普及一般，遵照部例，但求通暢，力避艱深，以期易曉，而便瀏覽。

(三)舊志沿革，原以遼金元三史，折衷參訂；其間或置或廢，追述頗詳，姑仍其舊。惟將光緒二年以後之近代沿革，略加考敍，藉以補其缺焉。

(四)舊志星野，前宰殷武二民，以界連雲中，兼占昴宿；而楊氏從宣鎮志謂屬尾宿；考測紛歧，莫衷一是。本志依照中央頒定修志事例，

懷安縣志

目錄

懷安縣志卷一

疆域志

沿革

懷之疆域，在漢初屬上谷部，武帝時曾設奋興 乃爲今縣之胚胎；自唐穆宗長慶二年，置懷安縣，屬新州；邑之得名，自此始焉。惟自東晉以迄元末，迭遭淪沒，廢置叢棼；中間或爲縣，或爲鎮，瞬息萬變，大有飄搖不定之勢；溯及當年，心甚惻然。及朱明光復，置懷安衛於廢縣之西；其西陽河，柴溝堡 左衛，猶歸西路參將範圍，未入治內。迨清康熙三十二年，改衛爲縣，幷西柴左三鎮付之，屬宣府，隸直省；縣之區域與位置，始穩定焉。至民國十七年，中華革命，北伐成功，廢區改省；卽以口北道原轄十縣，與察屬口外六縣，劃組一察哈爾行省；懷安至是又脫離河北，轉入察籍矣！

禹貢 冀州之域。

商 屬冀州。

【民国】怀安县志材料不分卷

该志佚名纂。民国抄本。共 8 册，每册封面有本册目次。

该志无序无跋。全书不分卷，正文分六门五十五目。目次依次为：疆域部分上（沿革、经纬度、四界八到、形势、名胜、古迹），疆域部分中（土质、村庄、城池、官署、学校），疆域部分下（营垒、仓库、市场、堤坝、沟渠、桥梁、堡寨、祠庙）、关隘、政治、物产、交通、杂文；关隘部分（附地图）；政治部分上（官制、户籍、自治、警察、民团），政治部分下（宗教、典祀、卫生、教育）；物产志（动物、植物、矿产）；交通部分（省路、县路、村镇市路、铁路、汽车路、电报、电话、马驼及人行路）；艺文志（疏、序、记志、跋、传、议案、诗古）。每目前均有引言。

该志记事止于民国二十三年（1934），与［民国］《怀安县志》相较，内容文字几乎完全相同，仅卷目次序和设置存在差别，该志少“建置志”与“人物志”。此外，还有个别细节较［民国］《怀安县志》更为详备，如“村庄”除记村名、方位外，还记载有各村井况，包括井的数量、石制、砖制或土制，井深、井水的咸淡清浊及出水量等。据［民国］《怀安县志》载：“并于事前拟定所供通志材料，与编修县志程序，即以原料共为一炉，成品分为两作，一方不误通志取材，同时稍具县志粗型，专重事实，不尚词华，惟求敏捷，不计体裁，但有所获，书无不尽。”是志或为上报省政府的修志材料，亦可视之为［民国］《怀安县志》之初稿。（来新夏：《河北方志提要》，天津大学出版社，1992）

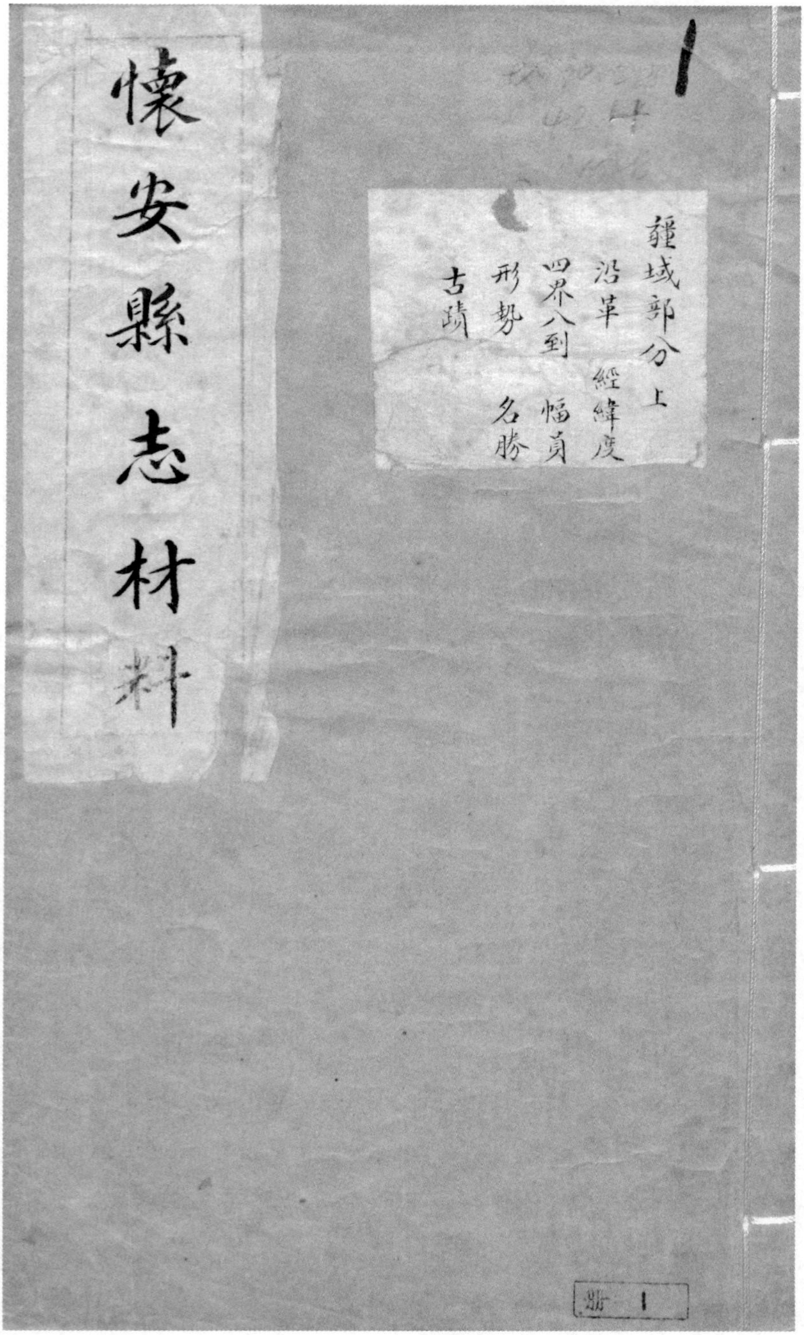
懷安縣志材料
疆域部分上
沿革　經緯度
四界八到　幅員
形勢　名勝
古蹟

懷安縣志材料

疆域部分

懷之疆域，在漢初屬上谷部。武帝時曾設夯興，乃為今縣胚胎。自唐穆宗長慶二年，置懷安縣，屬新州。邑之得名，自此始焉。惟自東晉以迄元末，迭遭淪沒，廢置益棼。中間或為縣，或為鎮，瞬息萬變，大有飄搖不定之勢，溯及當年，心甚慘然。及朱明光復，置懷安衛於廢縣之西，其西陽河，柴溝堡、左衛，猶歸西路參將範圍，未入治內。迄清康熙三十二年，改衛為縣，并西柴左三鎮付之；屬宣府、隸直省。縣之區域與位置，始穩定焉。至民國十七年，中華革命、北伐成功、廢區改省、即以口北道原轄十縣、與察屬口外六縣、劃組一察哈爾行省。懷安至是又脫離河北、轉入察籍矣。

万全县

万全县地处河北省西北部。古为冀州地，后属幽州。春秋属燕，战国属赵代郡，秦属上古郡，西汉属宁县，三国属魏广宁县地，隋属北燕州长宁郡，唐属涿郡怀戎县，辽属归化州文德县，金属宣化州，元属宣平县，明时为宣府两路万全右卫地，宣德中属万全都指挥使司，清康熙三十二年（1693），改置万全县，隶直隶宣化府。民国元年（1912），万全县属直隶省口北道。民国十七年（1928），划归察哈尔省。民国三十年（1941），万全、怀安二县合并，称万安县，属伪蒙疆联合自治政府。民国三十四年（1945）8月，恢复万全建制，属晋察冀边区。1952年由察哈尔省划归河北省，属张家口专区。

万全修志，明代以前无考，清代至民国先后三次修志，现均存世：其一是清乾隆七年（1742）由知县左承业纂修、乾隆十年（1745）刊刻的《万全县志》十卷首一卷，现存乾隆十年刻本；其二是道光十四年（1834），知县施彦士在左承业原本基础上进行续纂，成书《万全县志》十卷首一卷，现存清道光十四年增刻乾隆本、民国十九年（1930）重印本；其三为[民国]《万全县志》，有民国二十三年（1934）铅印本。

由于掌握资料所限，[道光]《万全县志》并未收录本书。

【乾隆】万全县志十卷首一卷

清左承业纂修。清乾隆十年（1745）刻本。四册。半页十行二十一字，小字双行同，白口，四周双边，单黑鱼尾。框高 17.7 厘米，宽 13.7 厘米。前有清乾隆六年（1741）前宣化府知府王者辅序、乾隆七年（1742）知县左承业序，纂修姓氏，目录，图，凡例。卷端题："知万全县事鄜州左承业纂修。"

左承业，字继先，陕西鄜州（今富县）人，监生，清雍正十三年（1735）任万全县知县。

万全自清康熙三十二年（1693）改卫设县后未修志乘，明朝时所修《西路志》《上西路志》，时代久远湮没不存。清雍正十三年左承业以万全县丞升任知县，常感叹于一方掌故日渐湮缺。清乾隆五年（1740）安徽天长人王者辅任宣化府知府，命属地各州县编修志乘。左承业搜访借阅群书，参阅《二十一史》《尔雅》《周礼》《水经注》《职方圆考》《通鉴》等书，并参照《畿辅通志》《两镇三关志》《宣府镇志》《续宣镇志》等书，再根据邑绅刘铭彝、杨文灏等所访辑的近年事迹编纂成书。

书前有《万全舆地全图》，全文共十卷首一卷，分八纲三十目，约十一万字。是志编次：卷首图经、凡例；卷一方舆志，包括星野、沿革、疆域（形胜附）、山川（古迹附）、风俗、灾祥；卷二建置志，包括城池（屯堡、边墙、关隘、桥梁、堤堰附）、官署（仓库、邮驿、营房、邮政、坊表附）、学校（义学、学田、张家口圣庙附）、坛祠（张家口先农坛附）、礼仪、寺观；

卷三食货志，包括户口、田赋（杂税附）、经费、物产；卷四武备志，包括军制、军储、马政、军器；卷五秩官志，包括文职、武职（侨治附）；卷六选举志，包括甲科（贡生例贡例监附）、武科（将材附）；卷七人物志，包括忠孝、贤达、耆德、懿行；卷八艺文志，包括杂文、诗；卷九事纪，卷十志余。

［乾隆］《万全县志》作为第一部全面记载万全地区历史沿革、山川地貌、名胜古迹、户口田赋、军事武备、人物艺文等方面状况的著作，保存了相当的文献及地图资料，是研究张家口及万全历史的重要参考资料。“方舆志”中“沿革”一目详细记载了上起夏商周三代，下至明清该地的行政归属及地名变迁，考证颇为精确。“事纪”按编年体例记载了万全自汉代至清乾隆年间的重大事件及战役。

《中国古籍总目》史部方志类著录。中国国家图书馆、中国科学院图书馆、故宫博物院图书馆等 20 个机构藏有此志。

萬全縣志序

萬全之名始於前明之左右衛自金
史得勝口而上已幾於醴之無源則
志之亟也
國朝置縣以来迄今五十載各州縣具有
成書而是邑猶逡巡未就豈不以文獻
無徵不得不留之有待耶邑長左君
蒞事之初即以是為切切嗣延大雅考
訂成書屬余序而傳之余維縣名雖不

纂修姓氏

纂修

萬全縣知縣左承業繼先陝西鄜州人

校閲

萬全縣儒學教諭李綬佩廷順天宛平人

采輯

本縣癸巳科舉人霍憲文

本縣己酉科舉人楊文灝

本縣乙卯科武舉楊文濤

本縣儒學廩膳生員劉銘燊

萬全縣志目錄

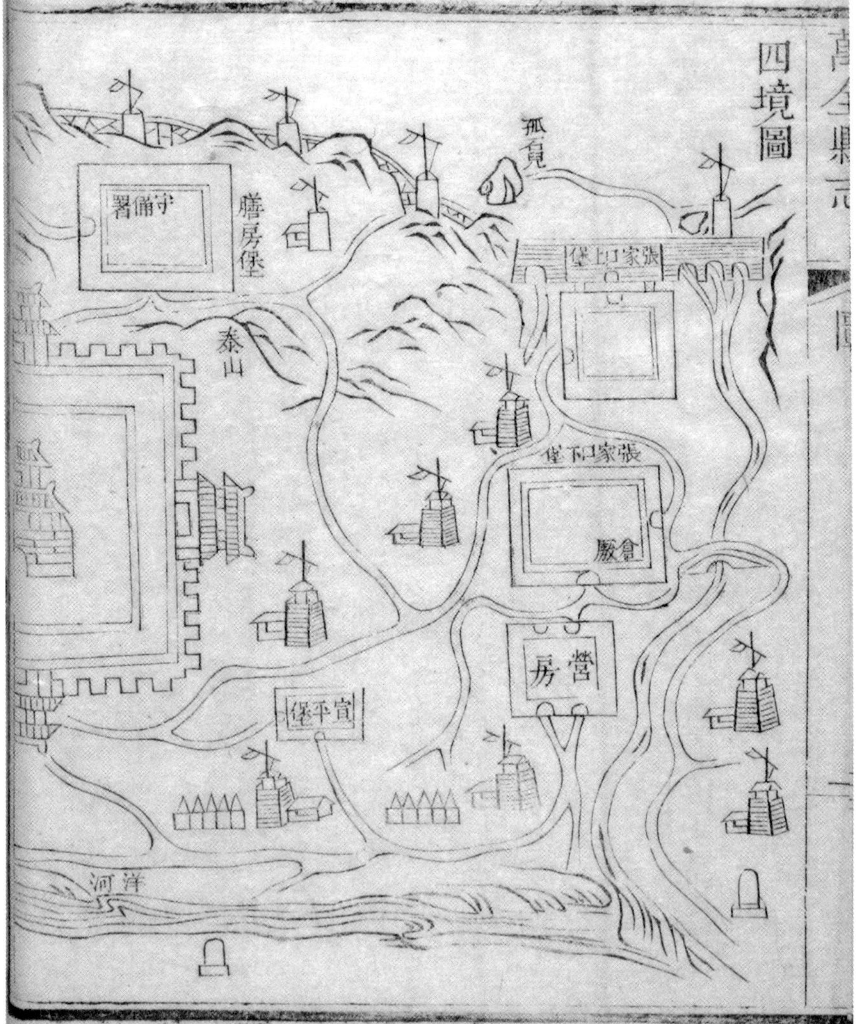
四境圖
守備署
膳房堡
孤覓
泰山
張家口上堡
張家口下堡
倉廒
營房
宣平堡
洋河

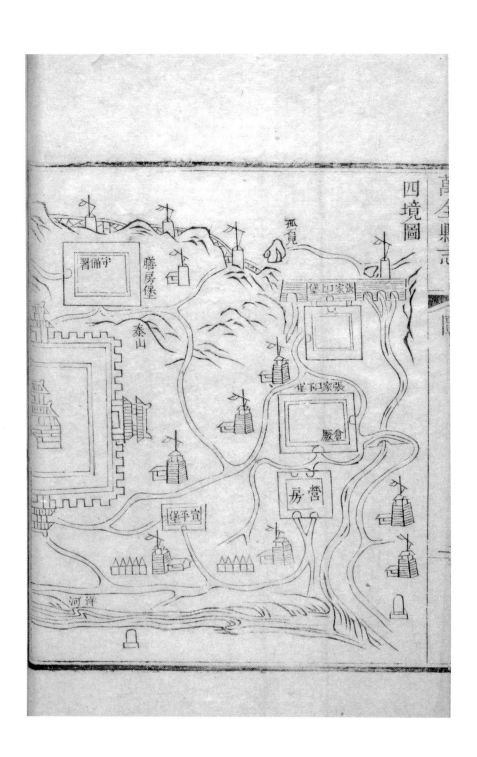

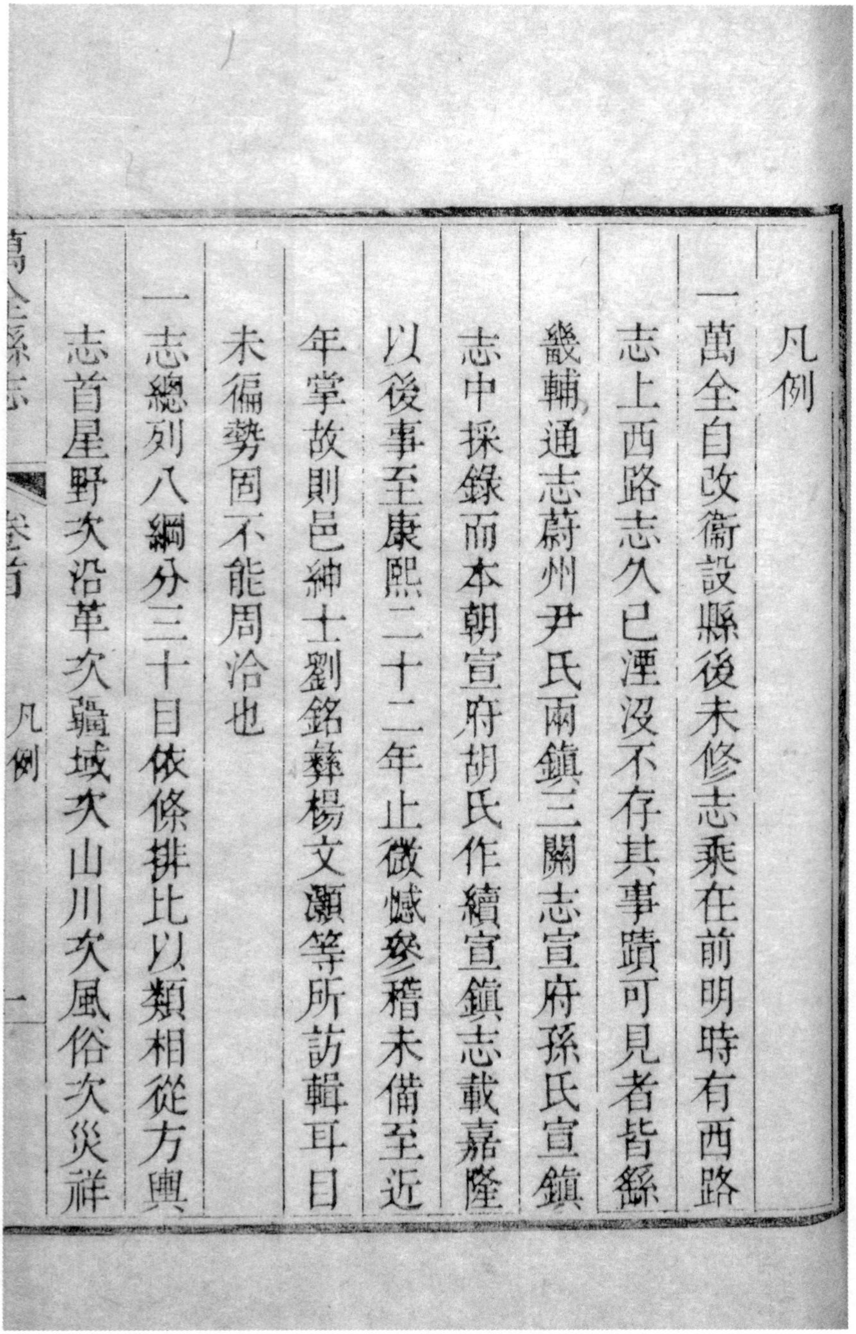

凡例

一萬全自改衛設縣後未修志乘在前明時有西路志上西路志久已湮沒不存其事蹟可見者皆繇畿輔通志蔚州尹氏兩鎮三關志宣府孫氏宣鎮志中採錄而本朝宣府胡氏作續宣鎮志載嘉隆以後事至康熙二十二年止徵獻參稽未備至近年掌故則邑紳士劉銘彝楊文灝等所訪輯耳目未徧勢固不能周洽也

一志總列八綱分三十目依條排比以類相從方輿志首星野次沿革次疆域次山川次風俗次災祥

萬全縣志卷之一

方輿志　　知萬全縣事鄜州左承業纂修

星野

周官以星土辨九州所封之域皆有分星以觀祲祥所以經八方協五紀也易曰天垂象聖人則之故天衡潤而漢昌地戸啟而越霸霜清騶見雨畢龍蜷巫咸黃燕之篇張衡靈憲之紀其說舊矣萬全地雖蕞爾然近隸　神州亦帝車軫蓋之所及也象物象事之徵烏可忽諸

周禮註析木燕也疏春秋緯文耀鉤云太行以東至

【民国】万全县志十二卷首一卷

路联逵修，任守恭纂。民国二十三年（1934）铅印本。十册。半页十四行三十一字，白口，四周双边，单鱼尾。前有察哈尔省政府主席等人作序五篇，任守恭所作绪言，孙中山总理遗像及遗嘱，察哈尔省政府主席宋哲元、省民政厅厅长仵墉、万全县县长刘必达、县志编修馆主任任守恭等人肖像，万全县县志编修馆职员合影，万全县政府摄影，县立第一高级小学校、张家口清河桥、张家口汉卿桥、张家口大境门口、第一渠渠口、旧治城文庙大成殿、赐儿山全景、旧治城北郊外东杏园全景、洗马林水关台全景、旧治城西大寺古柏树、旧治城昭化寺照壁及文物照片，修志职员表，凡例，目录。

路联逵，字鼎言，辽宁绥中县人，毕业于奉天公立文学专门学校。民国十九年（1930）任万全县长。任守恭，字寅甫，万全县人，毕业于保定法律专门学校。曾任直隶省阜平县知事等职。

该志正文分三十二卷，平列十三门八十五目，约六十五万字，是志编次：卷一地理志（沿革、位置、境界、气象、土地、土宜、山脉、河流、险要、名胜），古迹志（长城、故城、战场、古庙、废署、楼台、古物）；卷二物产志（动物、植物、矿物、工业品）；卷三生计志（人口及土地、社会概况、人民负担、生产数量、生计现状、生计前途、结论）；卷四选举志（科名、议员、卒业生），人物志（贤达、孝友、节烈、卓行、儒林、耆德、侨寓）；卷五职官志（清代、民国），治迹志（循良、廉明、捍御、教化）；卷六政治志上（党务、县政、自治、公安）；卷七政治志中（财政、建设）；卷八政治志下（教育、赋税、司法、交通、兵防）；卷九礼俗志（祀典、民俗）；卷十艺文志上（序记、传状、箴铭、建议、宣言、文启、公文、诗赋）；卷十一艺文志下（歌谣、故事、金石、书画、建筑、雕塑、篆刻、武术、方技）；卷十二大事记（旱灾、水灾、疫疾、风雹、虫害、兵灾、匪祸、外侮、征发、志余）。

万全县志原并无专书，清乾隆七年（1742），经知县左公承业始行创编之举，才使万全地区政教、风俗、人物、典章有赖考征。至清道光十四年（1834），时任万全知县施公彦士加以续纂，按原志体例续增。清同光之际至民国初年，地方耆宿屡次倡议续修县志，均未实现。民国十八年（1929）训政开始，百政刷新，于是修志声浪再次高涨，然而因种种困难，仅将旧志翻印百部。百年之间，国体改革，政教维新，人物代谢，物质演进，变迁良多，补修县志成为当务之急。至民国二十年（1931），各省市县接奉通令兴修志书，时任县长路联逵锐意兴革、关心文献，遂经县政会议通过，将修志之议付诸实行，并委任任守恭为主笔。当年七月一日，县志编修馆正式成立并着手修志，当时辅助任守恭编修志书的仅张维清、张学元二人，试行数月，苦于人少事繁，时间紧张，又向何子琴县长申请准予扩大组织，几经商议后，遂礼聘罗嘉宝、李永莪、王宪公、张守仁协同编纂，并聘郝定邦、王国昌、高裕明、乔定廷分任调查，加以四局六区随机辅助。历时八个月，耗费四千元公款，方脱稿付梓。

凡例谓："本志编辑方法有整个与段落之别，属于空间范围，如地理、古迹、物产等篇不能分割者则新旧志冶为一炉，属于时间性质者，如选举、人物、职官、治绩、艺文、大事记等篇已见旧志者，不宜复述，则自道光十五年起接叙之。"由此可知，该志所载事迹自清道光十五年（1835）起接叙，已见前志者，不再复述。

张家口昔为边防重要门户，今为北方交通中枢，万全县治设于此，旧志中均将张家口事类视同属镇加以记载。自民国十七年（1928），察哈尔设省，以张垣为省会。所以在该志纂修过程中，对张家口事类进行特殊处理，分为省县两项，凡属于县者，均分列本志各门之内，其属于省者，另编《张家口概况》一册加以记述，下分沿革、位置形势、人口、机关、公安、司法、建设、交通工商、金融、房租、地价、种族、宗教等项。

“政治志”中“公安”一目详细记载万全警政发展历史，附有“沿革编制列表”，将万全县警政建设不同发展时期的人员编制状况做了细致的归纳汇总。“礼俗志”中以表格形式录方言数十条，各注拼音并释义，是研究方言的珍贵资料。该志体例严谨、内容丰富且通俗易懂，是研究张家口、万全地区历史的重要史料。

《中国古籍总目》史部方志类著录，中国国家图书馆、中国科学院图书馆、故宫博物院图书馆、中国历史博物馆等三十一个机构藏有此志。

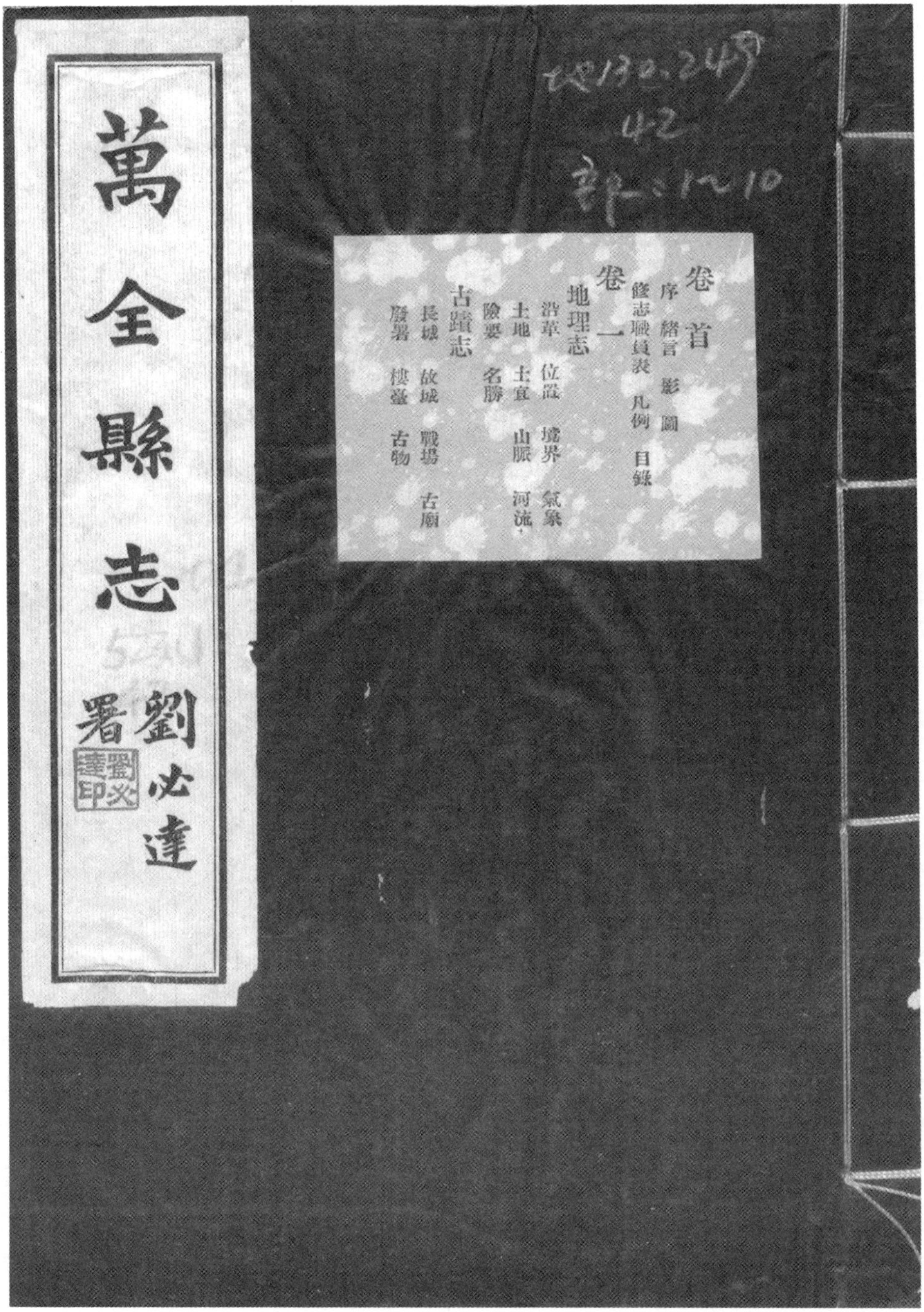
萬全縣志
劉必達署
劉必達印
卷首
序 緒言 影圖
修志職員表 凡例 目錄
卷一
地理志
沿革 位置 境界 氣象
土地 土宜 山脈 河流
險要 名勝
古蹟志
長城 故城 戰場 古廟
廢署 樓臺 古物

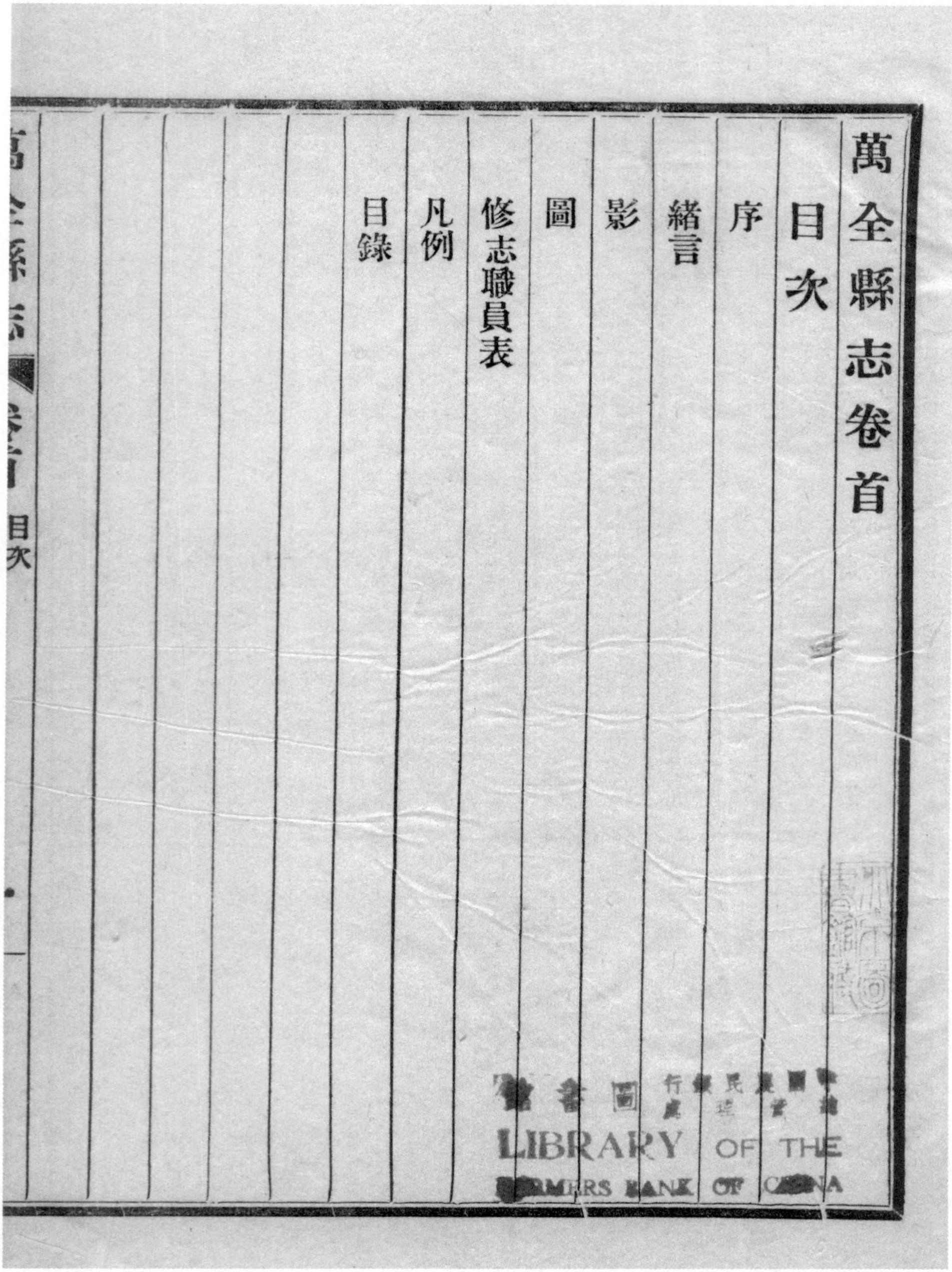

萬全縣志卷首

目次

序

緒言

影

圖

修志職員表

凡例

目錄

萬全縣志 卷首 目次 一

萬全縣志序

禹貢垂則壤之文周官定小史之掌邑乘有關於治術由來舊矣萬全地接蒙邊始於明之建衛而得名清改縣隸宣化府雖屬河北轄境漢蒙雜處中外棣通爲察哈爾都統所駐地中上級各行政機關林立稱北路重鎮焉民國三年察哈爾劃爲特別區因闢張家口爲商埠至十七年改建行省宣屬十縣劃歸察哈爾萬全遂爲首邑所以紀疆里考土風蔚治化而存故實固亦有其典在顧已近百年未嘗從事現當外力侵陵新潮鼓盪負守土之責已不容簿書期會故步自封語云通其變使民不倦又云當其可之謂時其有待於彰往察來而爲因革損益之具至切要矣予於二十一年九月來主察政時丁憂患方汲汲繕軍實以備國防未暇采風問俗進父老窮變遷而副商量文獻之責也萬全縣志編修舘成立於二十年七月今始成書縣長劉君必達請序於予受而讀之謹嚴翔實凡爲時勢之要需啓其機而暢其緒者莫不紀載無遺俾宰斯土者謀進展於治術得遵循之軌轍焉近世縣志學盛興咸推關中康氏武功韓氏朝邑最爲簡要有法劉君秦人也能以儒修緣飾吏治秉鄉賢之遺範樹邊徼之風聲不獨駕舊作而尙之

修志職員表

職別	姓名	次篆	籍貫	略歷
監修	路聯逵	鼎言	遼寧綏中	奉天公立文學專門學校畢業曾任綏中縣立中學校長教育公所所長東北政務委員會秘書廳行政處處員萬全縣縣長
	何子琴		河南桐柏	保定陸軍軍官學校畢業曾任河南省全省警務處處長河北保安總司令部參謀長察哈爾省省政府秘書處科長萬全縣縣長
	徐贊化	澄海	遼寧海城	國立北京大學商業專科畢業考取高等文官曾任駐坎拿大總領事館主事外交部秘書東北大學英文教授察哈爾省政府第三科科長萬全縣縣長
	劉必達	明甫	陝西華陰	日本東京法政學校畢業曾任陸軍檢閱使署教導團日文教官綏遠五原縣陝西咸陽縣興平縣邠縣南鄭縣等縣縣長陝西菸酒事務總局局長印花稅局局長二十九軍司令部軍法處副處長現任察哈爾省萬全縣縣長
主任	任守恭	寅甫	本縣舊治城	保定法律專門學校畢業曾充順直省議會議員直隸省阜平縣知事河北省工商廳視察員財政廳視察員
編	羅嘉賓	序東	本縣舊治城	保定高等警務學堂畢業曾充察哈爾警察廳第四區署長河南林縣公署科長本縣第一高級小學校校長寶昌縣政府秘書現充本省省立救濟院第一股主任
	李永莪	沚生	本縣舊治城	直隸第五師範學校畢業曾充察哈爾全區警務處科員兼警察廳科員本縣教育會會長教育局視學師範學校校長現充本省省立救濟院施醫所主任
	王憲公	正之	本縣安家堡	直隸第五師範學校畢業曾充本縣師範講習所教務主任第一高級小學校校長教育局督學縣黨部執行委員現充本縣第四區區長
	張守仁	樂山	本縣水泉堡	直隸第五師範學校畢業察哈爾省考取教育局長曾充本縣東北區教育委員第一高級小學校校長教育局局長現充財政局第一股主任

萬全縣志

凡例

一萬全縣志創編於遜清乾隆七年續修於道光十四年距今又越九十七載本志奉令編修即詳述此九十七年間一切自然與人文之事物惟因時代演變政治革新舊志體例綱目似有變更損益之必要非敢妄事更張實應時代之需要不得不然也

一本志編輯方法有整個與段落之別屬於空間範圍如地理古蹟物產等篇不能分割者則新舊志治爲一爐屬於時間性質者如選舉人物職官治績藝文大事記等篇已見舊志者不宜複述則自道光十五年起接叙之

一本志綱目分類較之舊志增加倍蓰除選舉人物職官藝文四綱仍照舊志編列外其餘均另行規定共計大綱十二綱目八十有五良以社會演進人事增繁不如此恐貽掛漏之誚

一有土地然後有人民有人民然後有政事此社會進化之軌國家如此省縣亦無例外本志大綱系統一本此義排列首列地理志誌水陸空之現象次古蹟

萬全縣志目錄

沿革

黃帝畫野之前萬全爲何部落夏禹分州之際是否華夏領土考徵古籍均乏確證秦置郡縣地屬上谷史册所載亦甚簡略自東晉以迄元末其間一千餘年胡族迭據之日長中華轄治之時短迨朱明光復設萬全衛兵防民治兼重移民始漸繁集清主中華革衛置縣承平二百餘年縣域愈臻穩確民國鼎革裁府設道萬全屬口北道而縣界仍舊貫惟以察哈爾都統借治張家口屢生萬全察區轄境之爭因之萬全地位遂爲吾國人士所注重至民國十七年察區創改行省口北十縣劃歸察省萬全恰居中心且與省會同治於是定萬全爲首縣茲將歷代沿革源委分述於後

唐 冀州之域（舊志）

清胡渭禹貢錐指云冀之北界約在陰山按此則今縣境應屬冀州

虞 分屬幽州（舊志）

地理指掌圖云舜肇分十有二州分燕以北爲幽州

夏 仍屬冀州（舊志）

涿　鹿

涿鹿，秦汉时属上谷郡，唐穆宗长庆二年（822）置新州，辽改新州为奉圣州，元朝时，因地震和洋河、桑干河之水害，更名为“保安州”（州治在今涿鹿县城）。清代隶属于直隶宣化府。民国三年（1914）改为涿鹿县，属直隶省口北道，十七年（1928）划归察哈尔省管辖。民国二十六年（1937）为日伪占领，属伪察南自治政府。新中国成立后，属察哈尔省察南专区。1952年，察哈尔省撤销后，划归河北省张家口地区。

保安州清代志书现存五部。首部为康熙十一年《保安州志》二卷，付梓于清康熙十一年（1672）。其次为康熙五十年《保安州志》十二卷图一卷，刊刻于清康熙五十年（1711）。其三为［道光］《保安州志》八卷首一卷，有道光十五年（1835）刻本，另有光绪三年（1877）重印本。其四为［光绪］《保安州续志》四卷，有清光绪三年（1877）刻本。其五为［光绪］《保安州乡土志》不分卷，纂修者不详，有抄本存世。

然由于资料所限，康熙五十年《保安州志》并未收录本书。

【康熙十一年】保安州志二卷

清宁完福修，朱光纂。清康熙十一年（1672）刻本。二册。半页十行二十字小字双行同，白口，四周双边，单黑鱼尾。前有清康熙八年前任工部侍郎周天成序，保安州知州宁完福序，康熙十一年保安州知州刘俊髦序，康熙八年纂修者朱光序，纂志檄文，修志姓氏，图。

宁完福，辽东辽阳人，清康熙三年（1664）以荫生任保安州知州。

朱光，字明徵，直隶保安州人，明崇祯年间举人，历岳州府知府。文学造诣颇高，代表作有《春日望桑干》。

保安州在明代曾有旧志，但到清康熙年间已散佚不全，又经战乱，书版已模糊不清，所载之事从明永乐年间开始至嘉靖、隆庆朝止，百年来的陵谷变迁、人事代谢均需记载。时任知州宁完福决心修志，遂延聘地方文化造诣较高的士绅、监生前往公署修志。历二月而书城，共十卷三十八考。宁完福盛赞该志为“彬彬乎一郡之完书，麃麃乎百年之旷举”。但该志未及付梓，宁完福即调往潞河任职。康熙十一年继任知州刘俊髦将该志刊印，并合为二卷。

是志编次：卷一州域图、州城图、州治图、制置考、分野考、气候考，卷二疆域考、城池考、堡砦考、山川考、公署考、仓场考，卷三文庙考（儒学附）、楼阁考、祠宇考、桥梁考、坊牌考，卷四生祠考、乡贤明宦考、坛壝考、八蜡考、义冢考（医济附），卷五职官考、户口考、田赋考（学田赋）、徭役考、课程考、积贮考，卷六师生考、科第考、岁贡考、例贡考、武科考、社学考，卷七风俗考、节义考、土物考（树畜附）、渠堰考，卷八艺文考，卷九守防军器考、戍墩考，卷十灾异、杂录。杂录中有该志编辑杨养正为该志所作跋文一篇。

此志保存了部分前代方志内容，如“灾异考”载：“明洪武三十二年秋八月，地震……（嘉靖）三十八年春正月至夏五月，不雨，蚜蚄生，甫大雨连百余日乃死。八月雨雹，平地深三尺，禾稼一空。以上见旧志”，“杂录”中载旧志户口、旧志建置等内容，如今明志早已散佚，借此志较为翔实地保存了明代部分史料。该志间加按语或议论，或言明利害，或陈述己见，或叙及沿革，至为珍贵。如“城池考”载，保安州城旧有南北二门，明崇祯十二年（1639），知州李振珽增开东门一座，清康熙五年（1666），知州宁完福申请撤门筑垣，以示永闭。是志纂者在此记载后加论，历陈设置东门防官害民之三条不便。总体来看，该志门类齐全，内容丰富，史料翔实，颇具文献价值，但在诸如《土物考》等内容上内容过于简略，设目缺乏有效整合也是该志的明显缺陷。

《中国古籍总目》史部方志类著录。该志国内所存无几，仅中国国家图书馆收藏有此志，上海图书馆藏有此志胶卷。

新刻保安州志序

自古郡國有志輿圖有攷所以載山川
疆域之沿革官師物理之由來與夫忠
孝節義善政流風足以挽千百世之世
道人心此誌書之所自來也我州為
京畿右輔東拱居庸西接宣雲五臺寶峰

保安州志序　一

纂志檄文

直隸保安州爲蒐輯志書以光文獻事康熙七
年三月初五日蒙
分守口北道方　憲票蒙
督學察院蔣　憲牌照得各府州縣修立志書
乃一方象緯山川民情風俗所繫上以備
國史之網羅下以資輶軒之蒐採且使官其地者
因俗爲治張弛闔闢酌古準今其于事理誠非
小補志内更載先賢曩哲嶶猷芳躅孝子節婦
聞人洽士以及官師之淑慝利弊之興除法戒

修志姓氏

奉訓大夫直隸保安州知州甯完福
奉訓大夫直隸保安州知州劉俊髦　裁定
直隸保安州儒學學正順天舉人高　躋考訂
原任岳州府知府朱　光纂修
門人恩貢生楊養正編輯
保安州吏目張師孔
保安州吏目管二臺　參閱
舉人陳又新
郭之祚

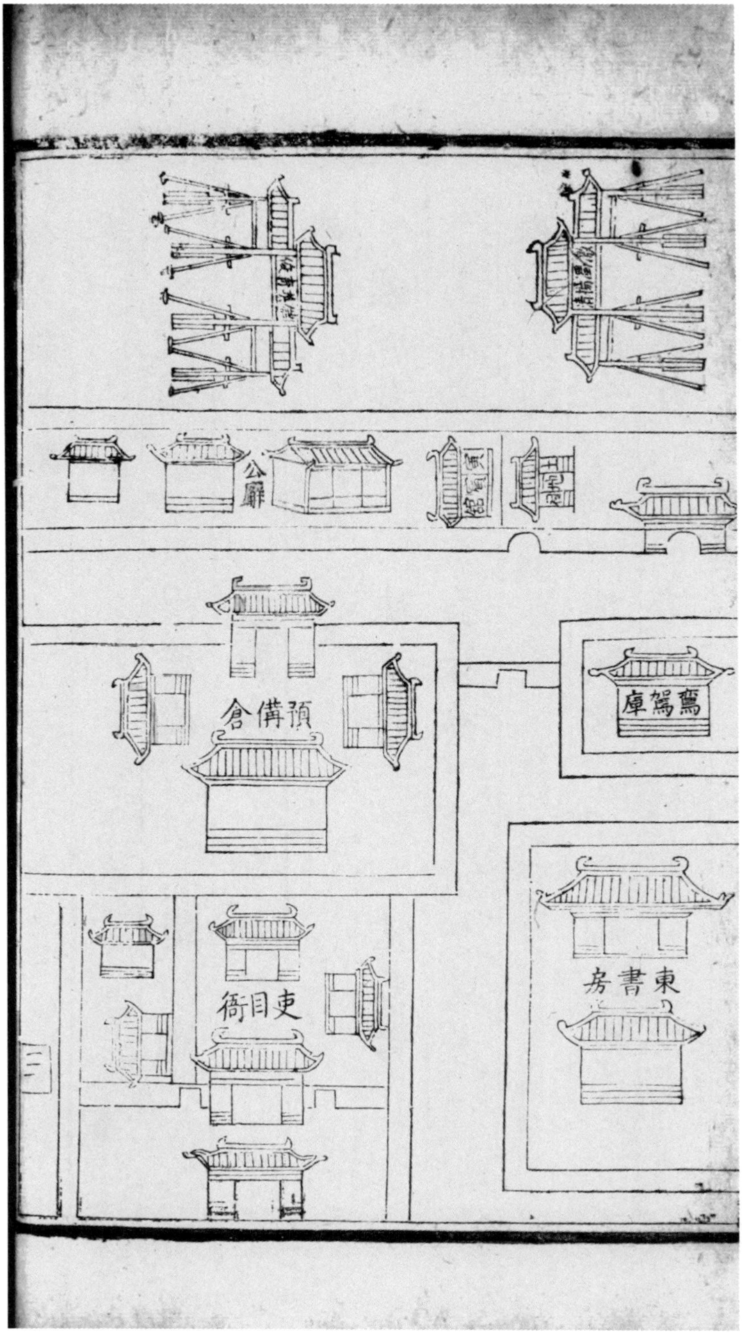
公廨
預備倉
鑾駕庫
吏目衙
東書房

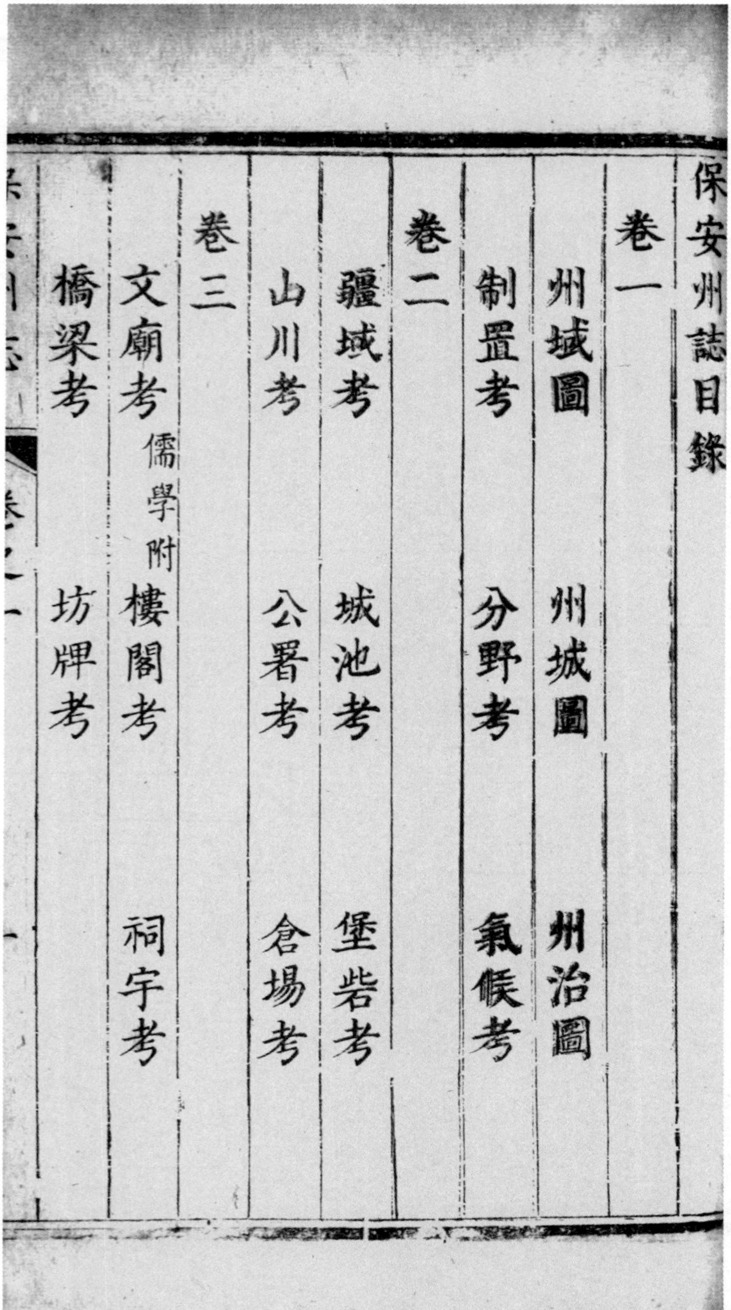

保安州誌目錄

保安州志　卷之一　一

【道光】保安州志八卷首一卷

清杨桂森纂修。清道光十五年（1835）刻。一函四册。半页十行二十二字，小字双行同，白口，左右双边，单鱼尾。框高 18.2 厘米，宽 14.4 厘米。前有清道光十五年杨桂森序、重修姓氏、凡例、目录、图。另有清光绪三年（1877）重印本。

杨桂森，原名汝达，字蓉初，云南石屏人。清嘉庆四年（1799）进士，道光十一年（1831）任保安州知州。致仕后，主讲育才、五华两书院。其在保安州任内，治理桑干河，修新州书院，劝课农桑。深受百姓爱戴，去任后，为其立祠塑像供奉。著有《井田考》。

书前有《保安州志图》，包含保安州全境、文庙、新州书院、村落等图。全书以天、地、人、物四部为纲组织门目，共设八卷六十一门，约五万余字。是志编次为：天部卷一，包括星野（中星、日出入麦）、气候、祥异；地部卷一，包括建置（表、记事附）、疆域、关隘、形势、山川、城池、衢巷、乡堡、村庄、沟壑、桥梁；地部卷二，包括祠祀、学校、书院（义学附）、田赋、经费、盐课（杂税附）、学田、户口、仓贮（义仓附）、养济院、留养局（贫民口粮附）、义冢、坊表；地部卷三，包括兵防、墩汛、军器、集市、水利、公署、古迹、冢墓；人部卷一，包括职官、名宦、忠烈、选举、封爵、仕宦、武仕宦、恩荫、荐辟；人部卷二，包括乡贤、忠义、孝友、敦行、文学、节妇、烈妇、烈女、耆硕、流寓、仙释、医术、礼仪、风俗；人部卷三，包括艺文、疏、传、议、记、序、辨、引、赋、箴、诗、五古、七古、五律、七律、五绝、七绝、诗余（附补录）；物部卷一，包括物产；物部卷二，包括杂纪；物部卷三，包括旧志序。

该志天部一卷，其余地、人、物三部各三卷，当共计十卷，而《中国地方志联合目录》《中国地方志总目提要》均著录［道光］《保安州志》为八卷首一卷，经查阅原书可见此志将物部三卷合为一卷，为全书第八卷，版口处统一编卷至卷八。

该志纂修者杨桂森不偏信历史记载，本着"信耳不如信目"的原则，重视实地考察，其所作《保安州事略》记叙保安历代兵革大事，《保安州考辨》记载保安州历代建置沿革，并考证下洛城即保安州城，以纠旧志之误。《矾山考古记》证明矾山镇古城一带的地理风物与《水经注》完全吻合。这些著作均收录于该志"艺文"当中，为研究保安州历史提供了不可或缺的资料。此外，"艺文"还收录有杨桂森的《劝纺织示》，此文记载了当时棉花、棉线的市价，具有一定的史料价值。

该志不足之处在于某些卷目的归类有欠妥当，如将"旧志序"归于物部或显牵强。

《中国古籍总目》史部方志类著录。中国国家图书馆、北京师范大学图书馆、上海辞书出版社、天津市人民图书馆、石家庄市图书馆、张家口市图书馆、辽宁省图书馆、兰州大学图书馆、山东大学图书馆、南京图书馆、浙江省图书馆等二十八家收藏机构藏有此志清道光十五年（1835）刻本。另外，中国国家图书馆、中共中央党校图书馆、北京大学图书馆、大连市图书馆、南京图书馆、南京大学图书馆、华南师范大学图书馆等十四家收藏机构藏有此志清光绪三年（1877）重印本。

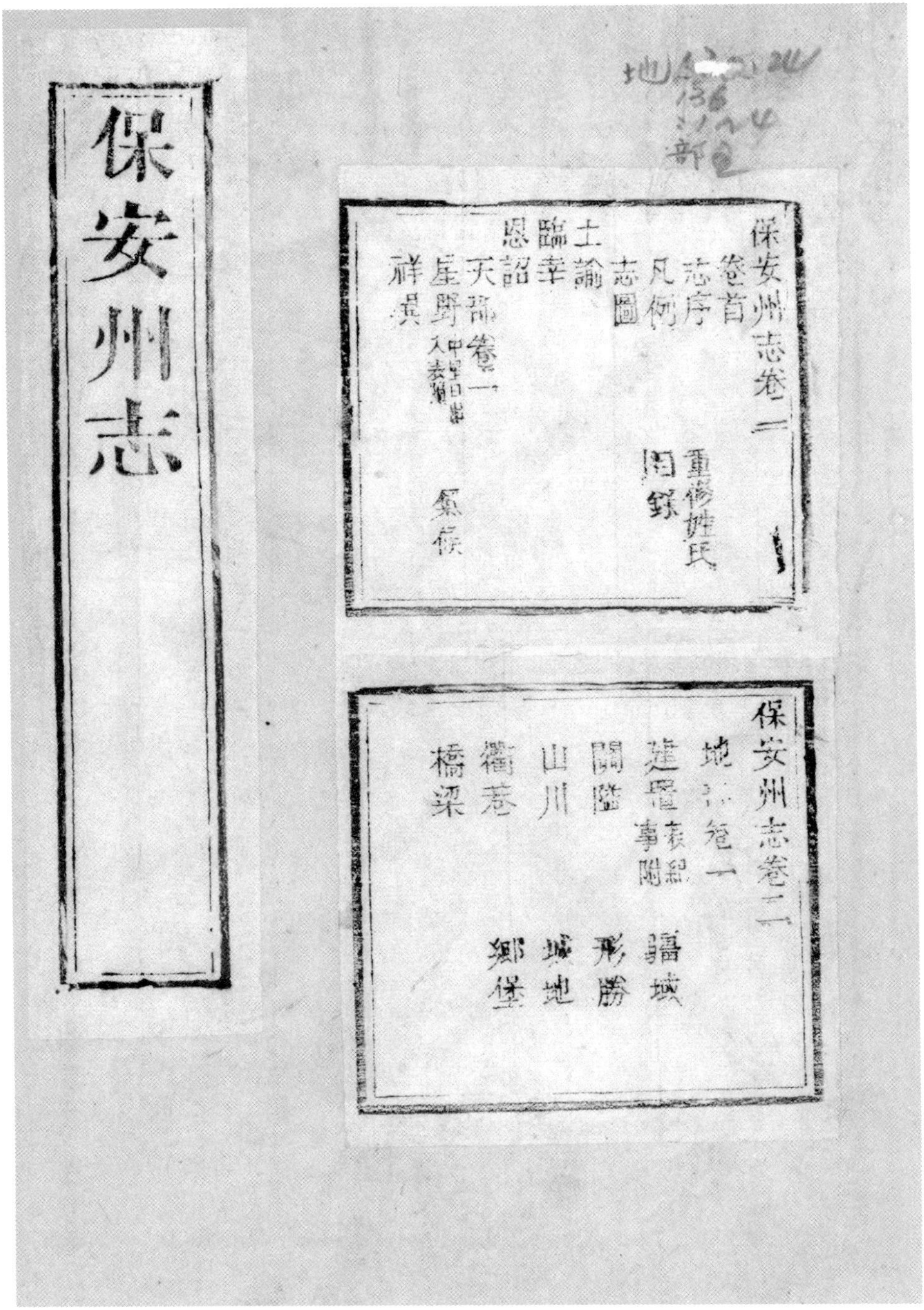
保安州志
保安州志卷一
卷首　重修姓氏
志序
凡例　同録
志圖
上諭
臨幸
詔
恩
天部卷一
星野　氣候
祥異
保安州志卷二
地部卷一
建置
疆域
關隘　形勝
山川　城地
衢巷　鄉堡
橋梁

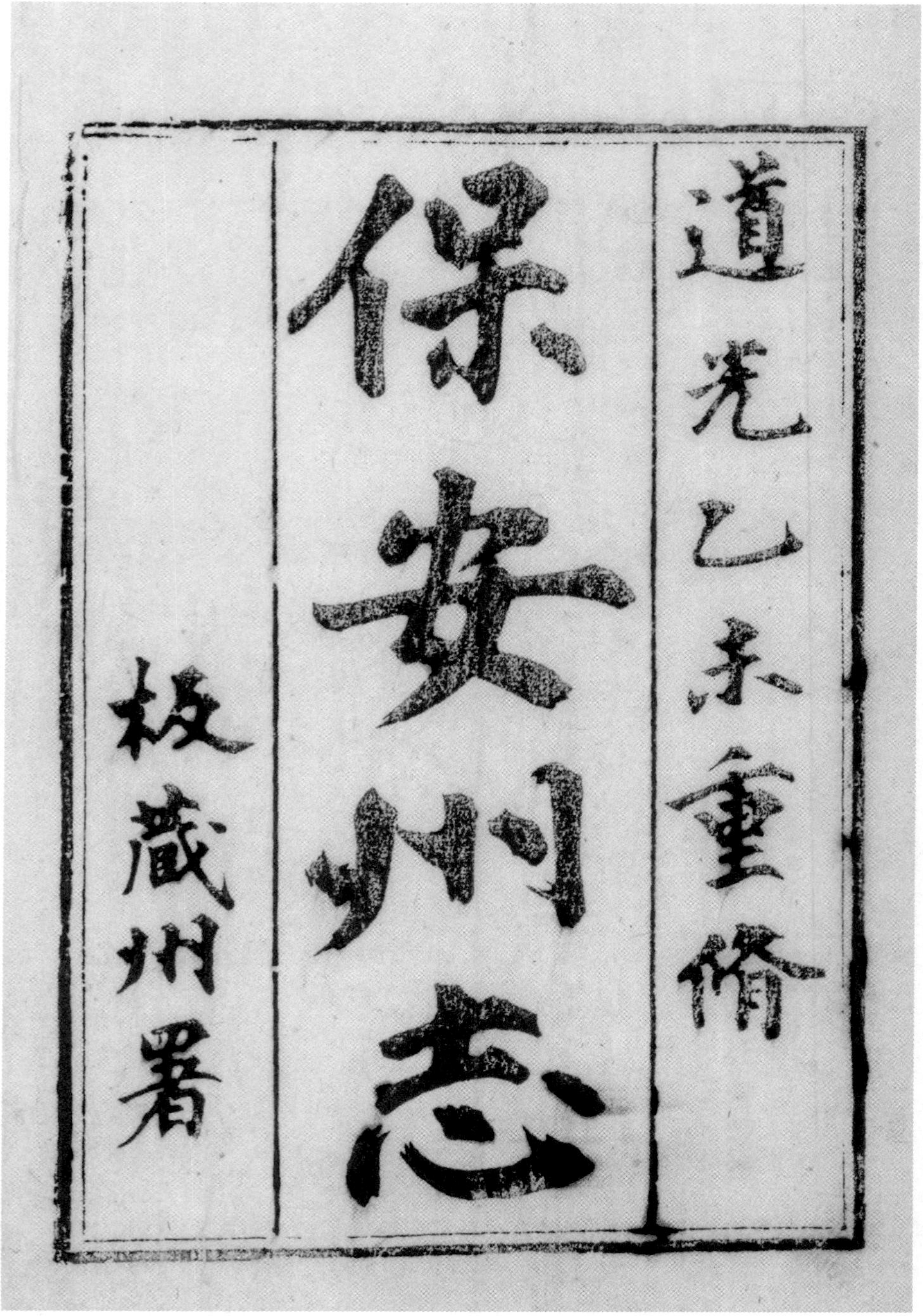

道光乙未重脩

保安州志

板藏州署

叙

自孔子作春秋創爲編年明
天道人事辭地積物以垂實
録寓褒貶之馬遷因之爲史班
范因之有地理志郡國志而
華陽國志桂海虞衡志若
十道九域及一郡一邑靡不

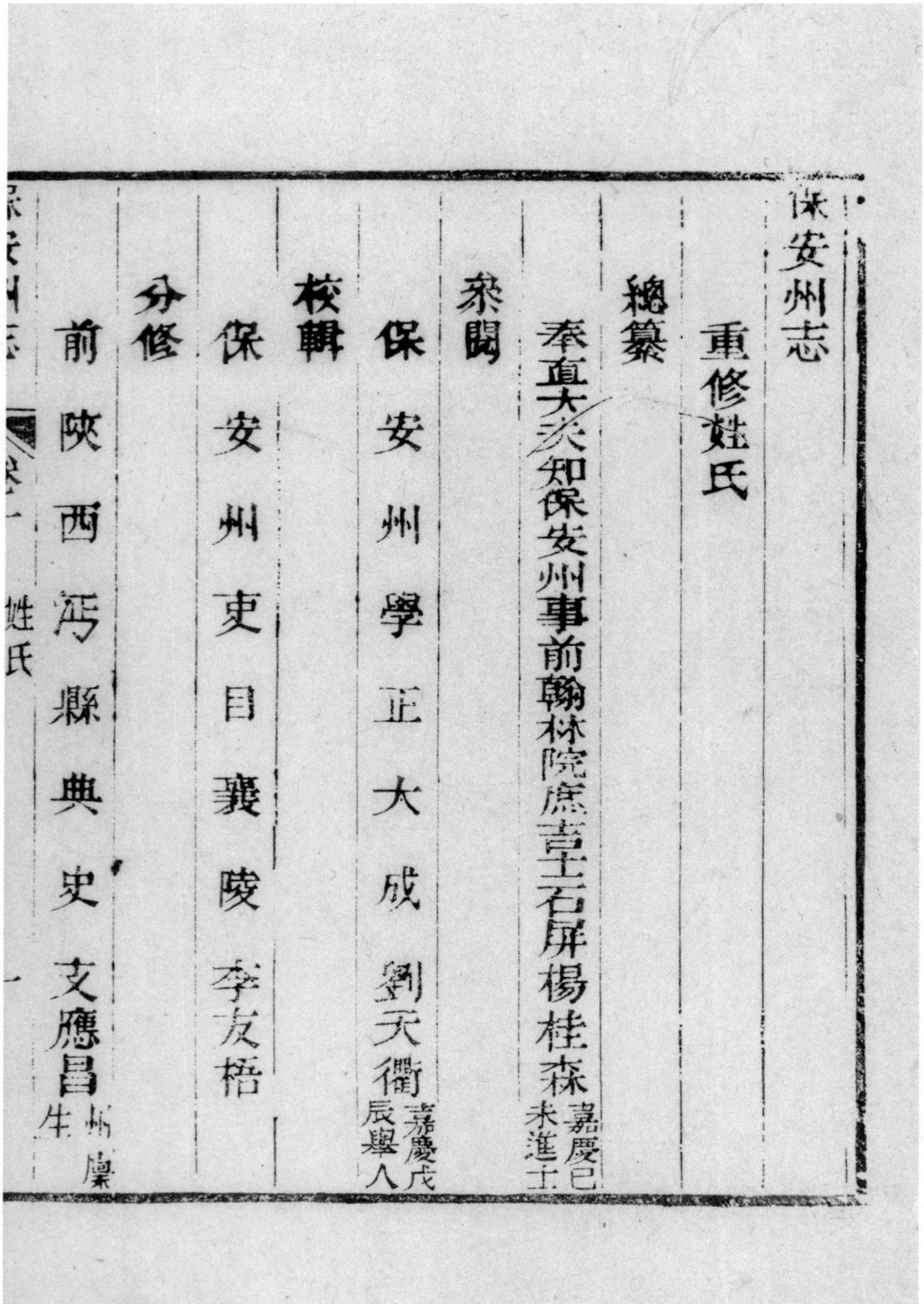
保安州志

重修姓氏

總纂

奉直大夫知保安州事前翰林院庶吉士石屏楊桂森 嘉慶己未進士

參閱

保安州學正大成劉天衢 嘉慶戊辰舉人

校輯

保安州吏目襄陵李友梧

分修

前陝西汧縣典史支應昌 州庠生

保安州志 卷一 姓氏 一

保安州志

凡例

一建置就今稽古以治城所在爲定漢縣最廣而今郡邑鄉境有占數縣者統以城治爲確按水經注下洛縣東北三十里有延河東流北有鳴雞山又曰濕水逕下洛城南魏燕州廣寧縣廣寧郡治今保安東北去雞鳴山三十里其爲漢下洛縣無疑舊志誤指保安爲涿鹿按酈注下洛東南六十里有涿鹿城今保安東南六十里有大磐山即涿鹿涿水東北入濕水謂今桑乾河也今志從下洛不敢沿訛

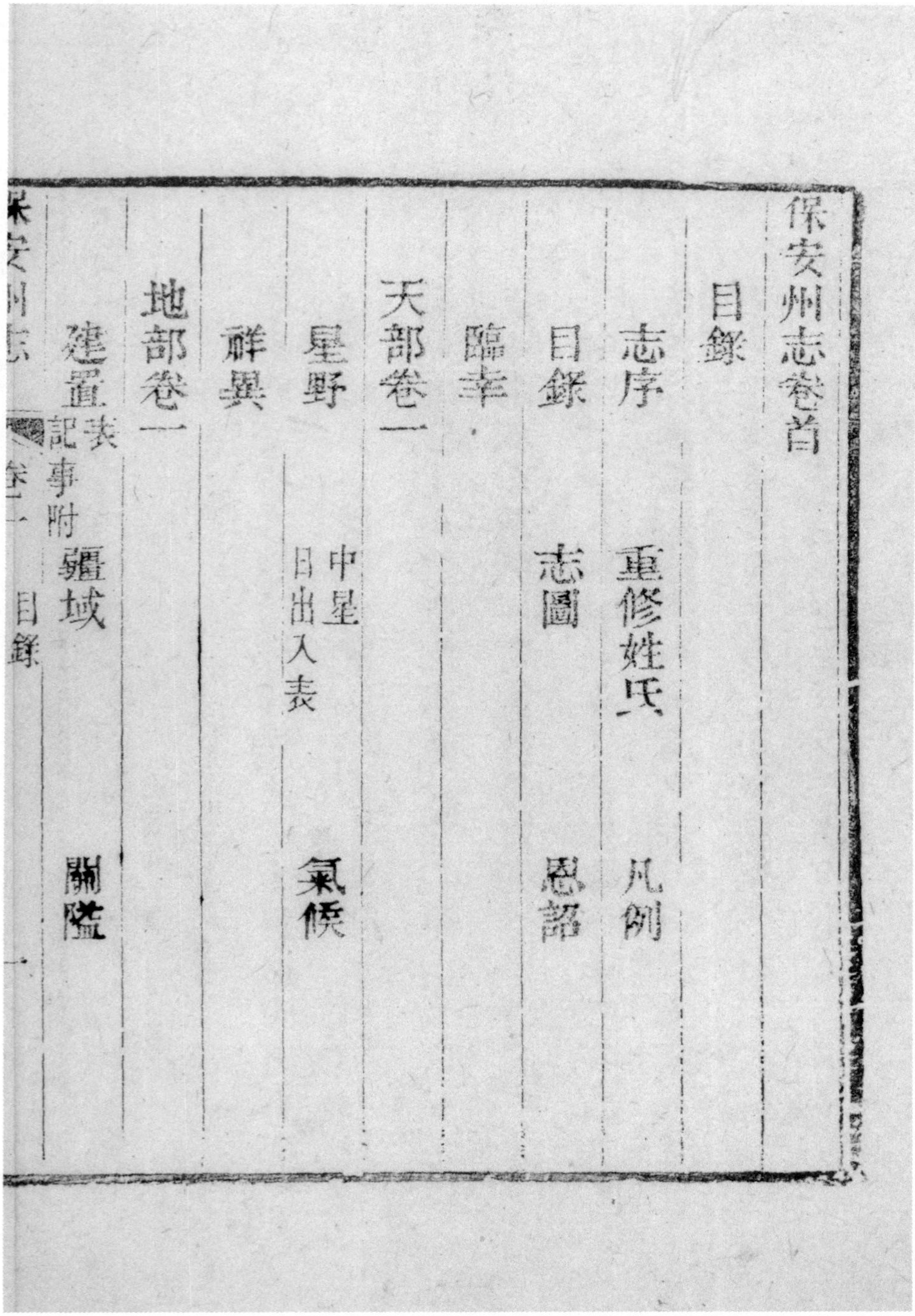
保安州志卷首

目錄

志序　重修姓氏　凡例

目錄　志圖　恩詔

臨幸

天部卷一

星野　中星　日出入表　氣候

祥異

地部卷一

建置表　記事附　疆域　關隘

保安州志　卷一　目錄　一

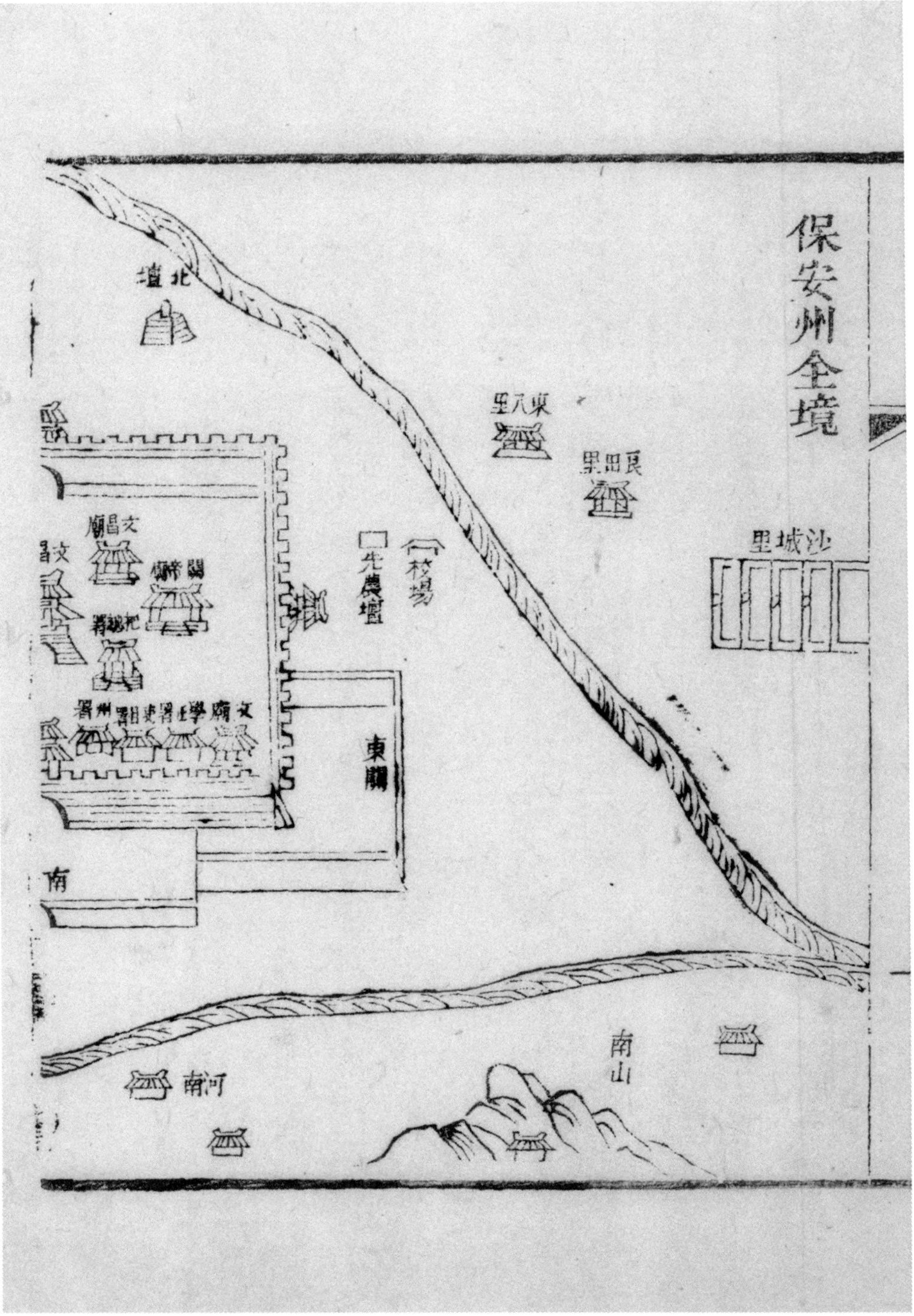
保安州全境
北壇
東八里
良田里
沙城里
文昌廟
關帝廟
先農壇
校場
東關
文廟
南
南河
南山

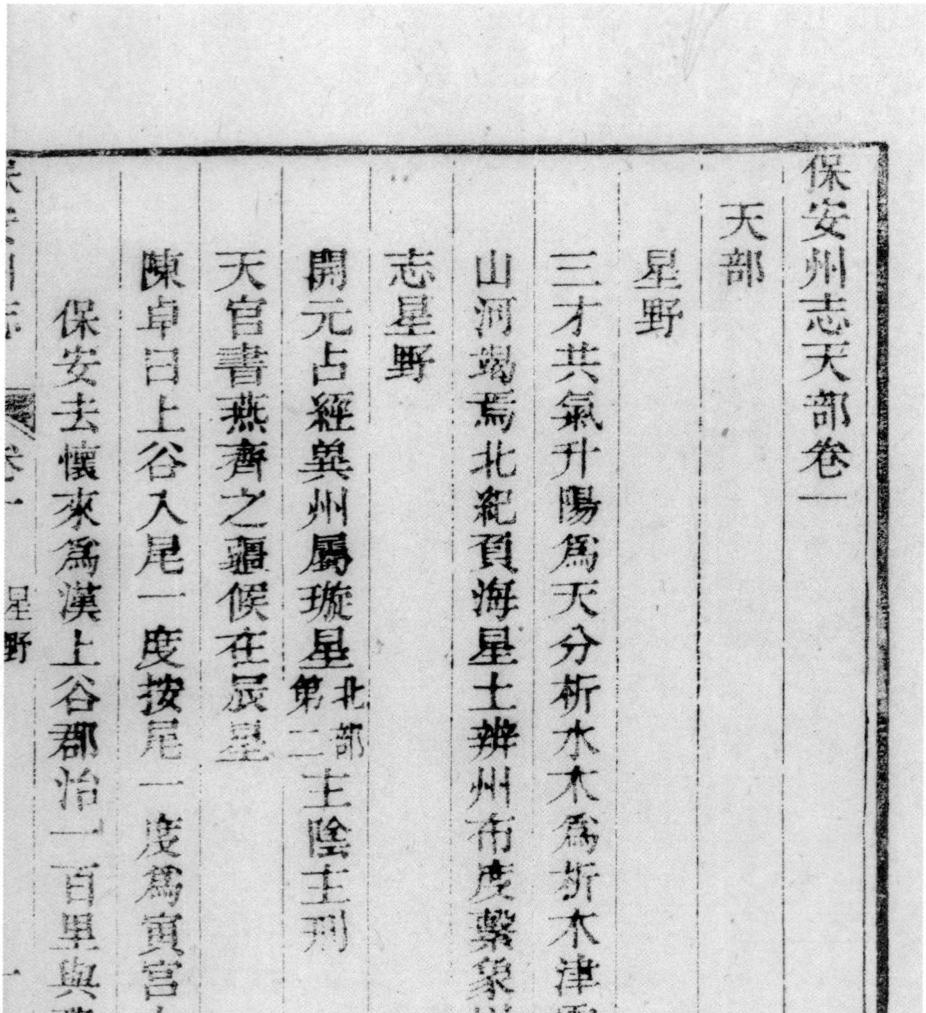
保安州志天部卷一

天部

星野

三才共氣升陽爲天分析木木爲析木津雲漢末派山河竭焉北紀負海星土辨州甫度繫象以定農時

志星野

開元占經冀州屬璇星北部第二主陰主刑

天官書燕齊之疆候在辰星

陳卓曰上谷入尾一度按尾一度爲寅宮十五度

保安去懷來爲漢上谷郡治一百里與郡同度分

保安州志 卷一 星野 一

【光绪】保安州续志四卷

清张毓生纂，寻銮晋倡修。光绪三年（1877）刻本。一册，半页十行二十二字，小字双行同，白口，左右双边，单黑鱼尾。板框高17.5厘米，宽14.5厘米。封面镌："光绪丁丑秋镌/保安州续志/板藏州署。"前有清光绪三年（1877）张毓生序、寻銮晋序，续辑姓氏，目录等内容。

张毓生，字秀夫，河南祥符（今并入开封）人，官保安州知州。

寻銮晋，字锡侯，山西荣河（今万荣县）人。清同治元年（1862）进士，历任翰林院庶吉士、直隶肥乡县知县，后任怀安、南皮、保安知县（州）。官至苏州知府。著有《畿南淮游草》。

清光绪二年（1876），时间距道光十五年（1835）修《保安州志》又跨越四十余年，其间"时异势殊，废兴迭见不及"，恰逢直隶省设局续修《畿辅通志》，令诸郡邑上报所修新志以备采择。于是，时任知州寻銮晋集合当地名宿硕儒采访校阅，以期无渗漏错讹，流传久远。然书未成稿，寻銮晋官赴钜鹿，由张毓生继任知州，继续组织博学郡绅"仿照旧稿，依次编录"，光绪三年成书付梓。

该志修于光绪三年，记事止于光绪二年，体例"仿照旧稿，依次编录"，公设三十二门十目，约二万字。全书共四卷，是志编次：卷一恩诏、祥异、城池、祠祀、学校、书院（义学附）、田赋、赈邮、杂税、户口、仓厫（义仓附）、义冢、兵防、公署，卷二职官、选举、武科、仕宦、武仕宦、恩荫、仓厫、荐辟、乡贤、忠义、敦行、文学，卷三列女、寿妇、孝妇、节妇、耆硕、医术，卷四艺文、碑记、序、说、诗、五古、七律、五绝、七绝。

是志因系续志，有些门目前已详载其事者，续志不再复述，前志未载者，续志补入，故有些门目甚略。卷一“团防”载：“咸丰二年（1852）十一月粤匪攻陷汉阳府城，蒙各宪札饬钦奉上谕，恐匪逆窜入直境，令各州县各就地方情形办理团练”，是清政府组织团练对抗太平军的珍贵史料。“城池”记载“桑干义渡”，桑干河每年春季开冰时波浪湍急，舟渡艰难，贫困者为其所阻，同治十一年（1872）知州韩印捐银生息，以利赀赡船户，不准滥索。光绪三年，知州张毓生又续添成本，并购置新船。地方官吏关注民生，致力公益，善举值得肯定。

《中国古籍总目》史部方志类著录。中国国家图书馆、上海图书馆、天津市人民图书馆、保定市图书馆、张家口市图书馆、南京大学图书馆、湖北省图书馆、华南师范大学图书馆等二十余家收藏机构藏有此志。

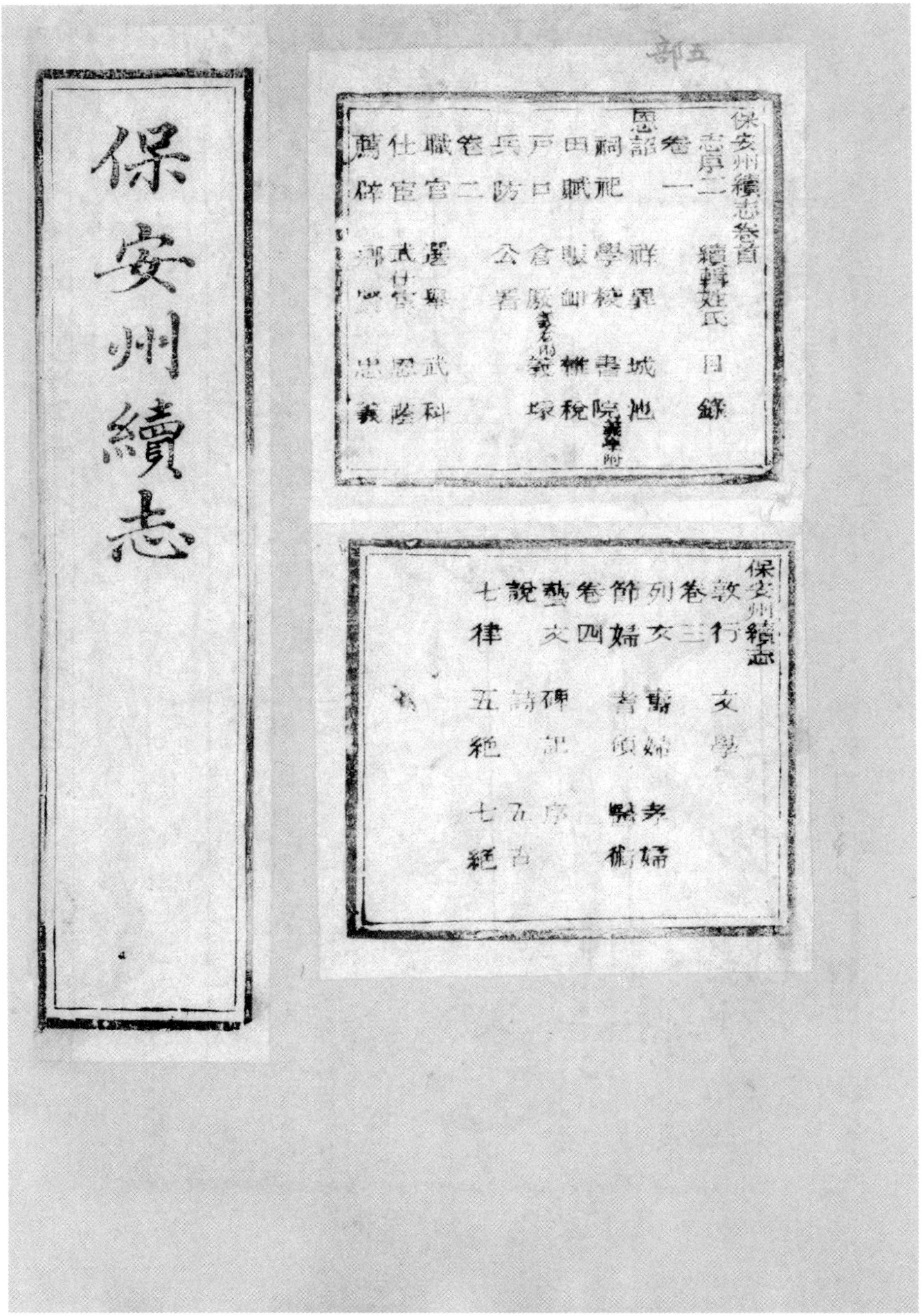

保安州續志

保安州續志卷首

志序二　續輯姓氏　目錄

恩詔

卷一

祠祀　祥異　城池

田賦　學校　書院附義學

戶口　賑卹　榷稅

兵防　倉廒附義倉　義塚

公署

卷二

職官　選舉　武科

仕官　武仕官　恩蔭

薦辟　鄉飲　忠義

保安州續志

敦行　文學

卷三

列女　壽婦　孝婦

節婦　耆碩　賢淑

卷四

藝文　碑記　序

說　詩　五古

七律　五絕　七絕

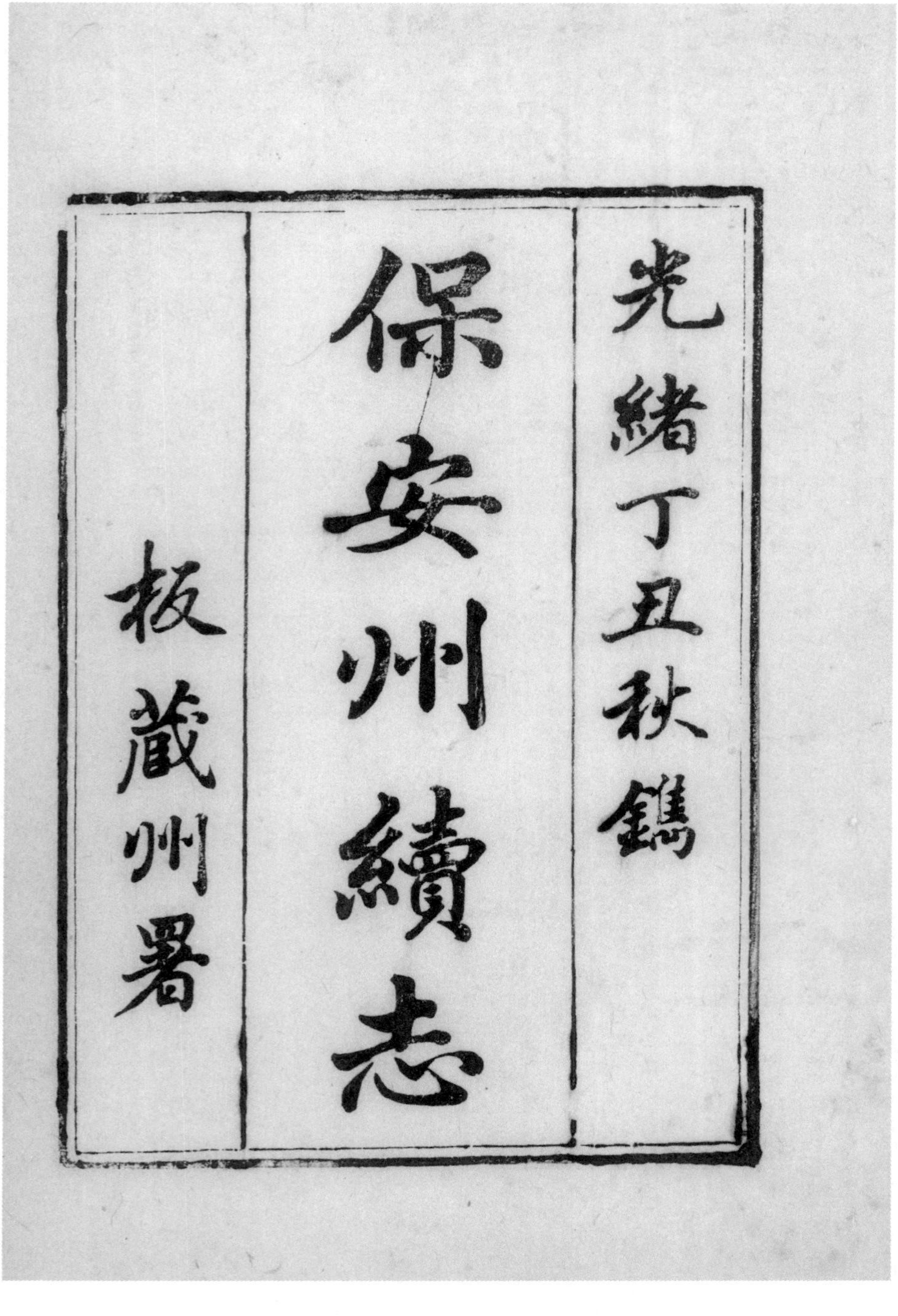

光緒丁丑秋鐫

保安州續志

板藏州署

叙

嘗考史之名昉於周禮史書之作
創自馬遷降及後世易而為志
於是制作日益備紀載日益詳凡
山川形勢之變遷户口田賦之增減
以及土俗物產纖悉備載蓋紹前
徽詒來茲俾守土者資為龜鑑知

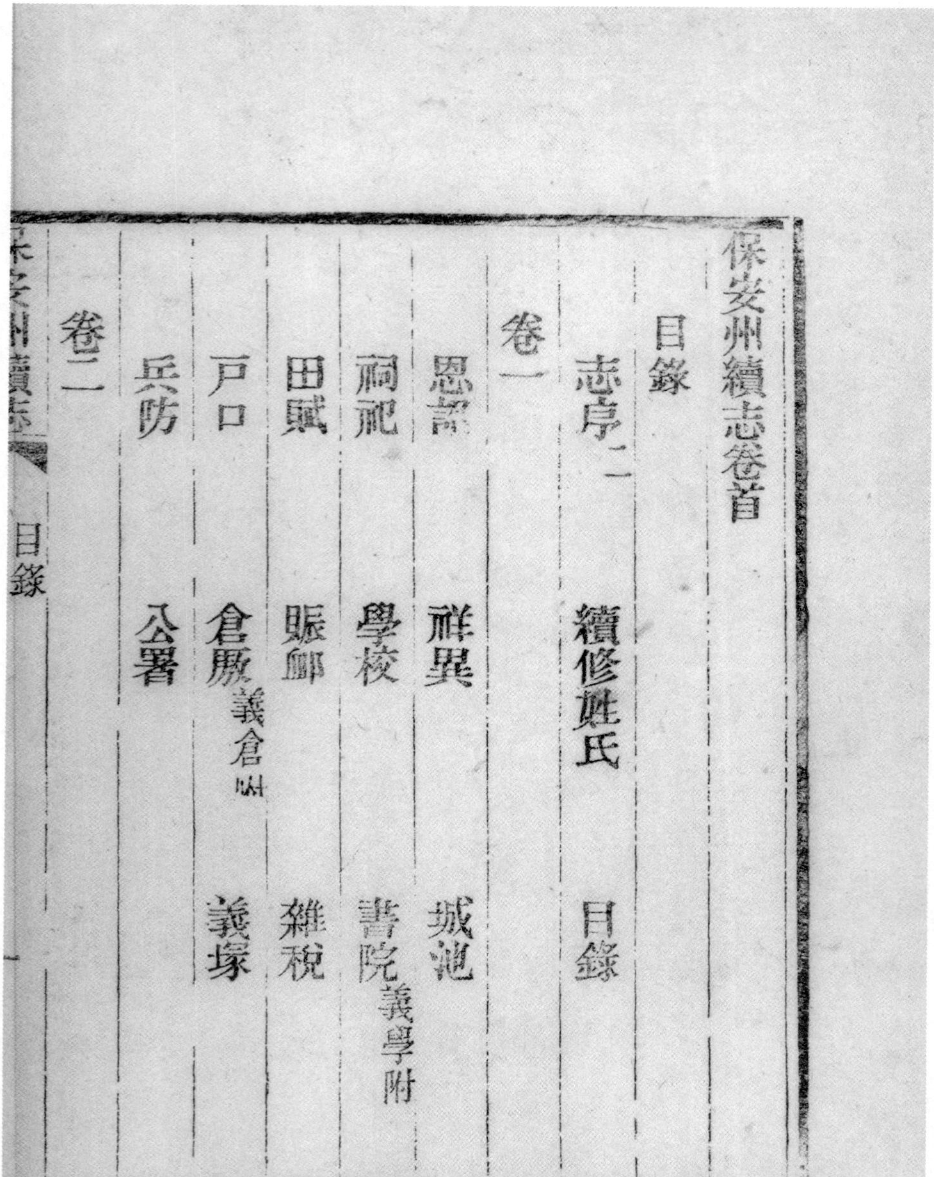

保安州續志卷首

目錄

保安州續志　目錄　一

保安州續志卷一

恩詔

道光十五年九月奉

恩詔蠲免嘉慶二十三年至道光十年舊欠錢糧

十六年八月

恩詔豁免道光十年以前舊欠旗租

二十五年九月奉

旨豁免道光十一年至二十年舊欠錢糧

二十五年十月

恩詔免道光二十年以前積欠旗租銀穀

【光绪】保安州乡土志不分卷

纂修人名氏不详。民国间抄本。

全书不分卷，正文分历史、政绩、学问、地理等目，约六千字。是志编次为：历史（未置本境以前、既置本境以后）；政绩（兴利—筑城郭、兴水利、设仓厫、置义冢、设义渡、恤民、赈饥，去害—裁撤沙城公馆，听讼—恤刑、除暴，兵事—黄帝时之战、明时之战、兵防、团防）；耆旧（孝、友、睦、姻、任、邮）；学问（文学、医学、农业、名儒、名臣、功臣、名将、忠义、忠节、乡贤、人类、户口、氏族、宗教、实业）；地理（距省城府城里数，疆域四界，本境之区分—本城区，东乡区，北乡区，北乡区古迹，西乡区，东三屯区，西山区，河南区，美所区，南山区，山，水，道路，动物，植物，矿物，商务）。

是志详列本州隶属及沿革，“团防”记载光绪二十六年（1900）保安州境内的义和团起事后被肃清一事，“氏族”目记宋朝名臣文彦博、赵鼎后裔事较详，“商务”载保安州进出口物品种类。因保安州地处桑干河流域，故记桑干河的来源、流经、走向较为详细。具有一定的史料价值。然该志也存在记事简略、设目繁杂等明显缺陷。

《中国古籍总目》史部方志类著录。故宫博物院图书馆、天津市人民图书馆、南京图书馆藏有此志抄本。

保安州鄉土志

歷史

未置本境以前

本境地處邊徼在居庸關之西黄帝時名為涿鹿唐堯時屬冀州域虞舜時屬幽州域夏商時仍屬冀州周時又屬幽州至戰國時則屬燕

秦分天下為三十六郡以本境屬上谷郡西漢因之置下洛縣

後漢末為甯縣曹魏時為廣甯縣晉宋因之梁陳時為燕州均

屬上谷郡隋改為懷戎縣唐初置為北燕州又改為新州後唐
後晉因之遼置為奉聖州宋金因之皆屬於涿郡元初仍為奉
聖州後因地震改為保安州
既置本境以後
明洪武年間因元兵來攻徙民於居庸關本境遂廢至永樂十
三年置保安衛越一年復置保安州移衛於澴家站名為新保
安本朝因明舊制至康熙三十四年以本境屬宣化府以衛治
屬懷來縣

政績

興利

築城郭

州邑向無甎城築土爲之南關東關亦無土堡明嘉靖元年州牧時公應璧始創建南關土堡至四十三年賀公溱莅任改建甎城樓櫓堅固萬曆四十七年州牧李公恆茂又創建東關土堡善政相繼民情感戴爲三公立祠於州城之東

興水利

二

怀来县

怀来，隶属河北省张家口市。其建置已有两千余年历史。古为冀州地，周属幽州，春秋时期属燕国上谷郡。秦时，上谷郡置沮阳县，为今怀来县置县之始。后几经废置，北齐时属北燕州永丰郡怀戎县地。隋置涿郡，怀戎县属之。唐贞观八年（634）北燕地改为妫州，州治怀戎县城。辽初，辽太祖改怀戎为怀来。金改名为妫川县。元属龙庆州。明永乐十五年（1417）置怀来作卫，次年改名怀来卫，隶后军都督府。清初为怀来卫，属宣府镇。康熙三十二年（1693），改卫为县，并把保安卫及土木、榆林、矾山三堡并入怀来县，属宣化府。民国初年隶口北道，民国十七年（1928）划归察哈尔省。1937年"七七事变"后，日军侵占怀来县北。1939年属伪蒙疆联合自治政府察南政厅。新中国成立后，怀来县属察哈尔省察南专区。1952年划归河北省。

现存怀来县志有二：其一为清康熙《怀来县志》十八卷首一卷，共四十二门，有清康熙五十一年（1712）刻本，另有雍正六年（1728）增刻本；其二为［光绪］《怀来县志》十八卷首一卷，分二十八门四十二目，有清光绪八年（1882）刻本。

【康熙】怀来县志十八卷首一卷

清许隆远纂修。清康熙五十一年（1712）刻本。雍正六年（1728）增刻本。六册。半页九行二十字，小字双行同，黑口，四周单边，单黑鱼尾。框高 19.6 厘米，宽 14.0 厘米。前有清康熙五十一年许隆远序，目录，图。卷端题："邑令闽漳许隆远耐园纂修。"

许隆远，字耐园，福建漳州府南靖县人，祖籍诏安。清康熙十九年（1680）炳榜举人，四十五年（1705）任怀来知县行取户部主事。有《妫川八景诗》传世。

该志四十二门，约十一万字。是志编次，卷首有绘图，含怀来总图、县城图、县治图、学宫图及东郊雨霁、西岩月落、南山叠翠、北岭凌云、三桥晚钓、古寺晨钟等风景图，卷一建置、疆域，卷二分野（附星占）、灾异、祥瑞，卷三临幸、封建、学校、祀兴，卷四文官、武弁、赋税、土贡、关梁、惠政、坟墓、土产，卷五风俗、市集、寺观、公署、坛壝、仓场，卷六扁额、山川、水利、古迹、景致，卷七名宦、职官，卷八忠孝、节义，卷九战功，卷十仕籍、武科，卷十一乡贤、寓公、谪迁、文学、仙释、异术、凶德，卷十二艺文（诗），卷十三艺文（敕谕、奏疏、详文），卷十四艺文（序、谕、跋），卷十五艺文（记），卷十六艺文（记），卷十七艺文（记），卷十八艺文（记、说、传附）。

该志是怀安设县以来所存的首部志书。怀安"旧志未审创自何年"，明弘治年间，何仲山曾纂修卫志，后万历朝时又有詹洲编次，但均未付梓，兵宪胡思伸曾命刘烜纂修卫志，然而“篇章揉躏，版刻脱误”。自万历十八年（1590）之后至今近百年，“残缺如旧，续修无人”。至清康熙三十二年（1693）怀来改卫为县，其间历史、社会、经济的变迁亟待记载。许隆远任怀来知县后，“罗古挖今，征文考献，稽诸家之遗作，一人之成书，参伍校雠，巨微毕贯于以增纂百年之事迹”（《怀来县志·艺文·跋》），成书十八卷首一卷。

因怀来历代为军事重地，特设“战功”一门专记历代战事，对明朝军事行动记载有详，但记事止于明嘉靖三十八年（1549），其后无载。该志用七卷篇幅收录艺文，可见纂修者对保存地方文献的重视，其中卷十四“艺文”收明万历黄彦士《怀延二卫志序》、杜齐名《怀延志序》、詹洲《怀延二卫志序》，《怀延二卫志》和《怀延志》今已佚失，赖此志得以保存一些佚文，具有一定的文献价值。然该志分门琐碎，仅艺文下设目，缺乏整合。

《中国古籍总目》史部方志类著录。中国国家图书馆、辽宁省图书馆、甘肃省图书馆等十余家收藏机构藏有此志。

懷來縣志

懷來邑志總序

懷爲古都會當今
京師之西北相距二百里而近然由居庸關以出重岡複嶺崎嶇山谷間者幾一日旣乃迤邐爲平衍風氣固不能無殊蓋儼然一雄塞也當明中葉特宿重兵於宣府懷乃爲兵備監軍駐節之區其間繕墩堡建橋梁開木

懷來縣志目錄

懷來縣志卷之首

邑令閩漳許隆遠耐園纂修

繪圖

邑乘之有圖由來尚矣嬀川雖邊邑然路當衝劇
聖駕不時臨幸皇華冠蓋絡繹不絕其城郭宮室釐然具舉而山川林麓堪入圖者尤多因命工鐫之以備是書之成余行且離兹土異日者天各一方披是圖而指其處所凡五六載之勤瘁猶恍然在吾目中也若夫歷久更新是所望於後之君子

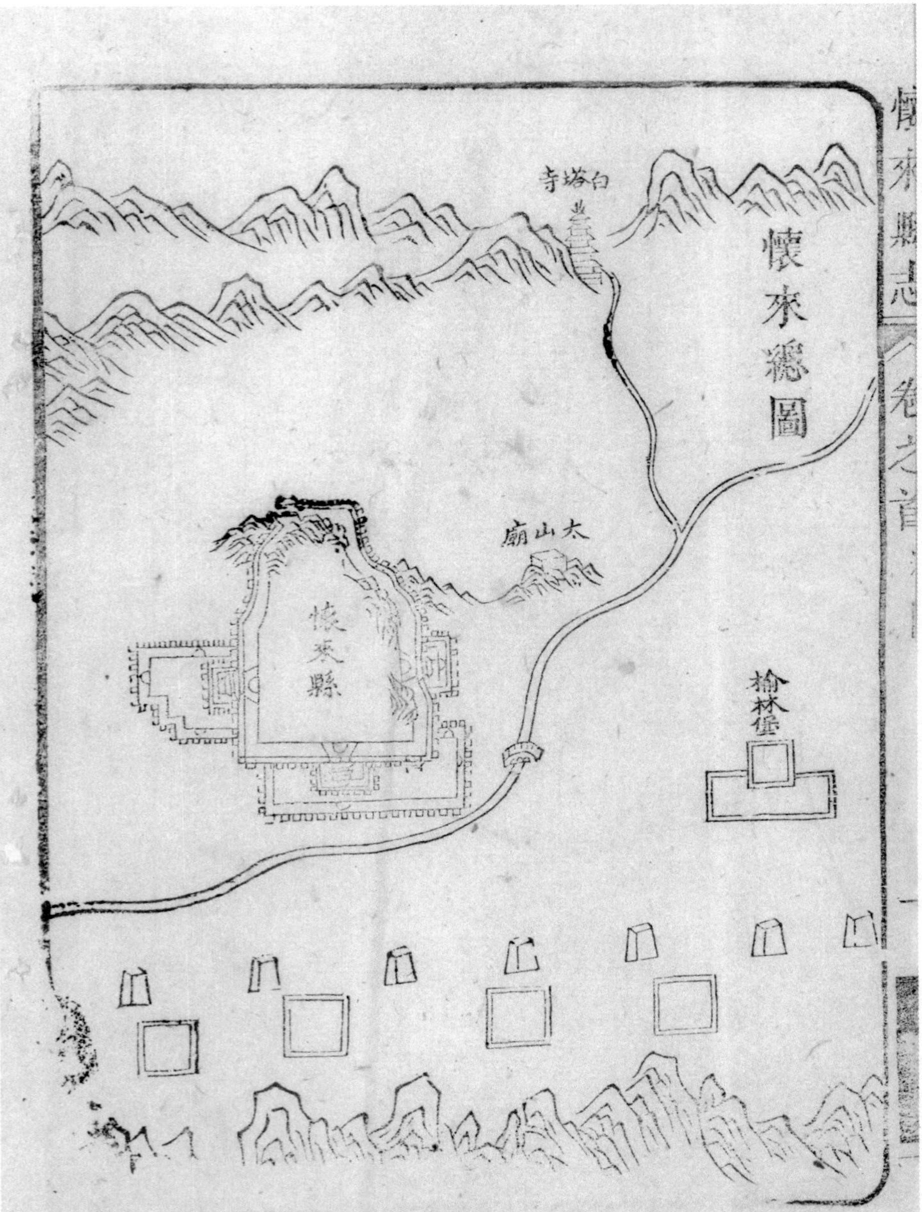
懷來縣志
卷之首
懷來縣圖
白塔寺
太山廟
懷來縣
榆林堡

懷來縣志卷之一

邑令閩漳許隆遠耐園纂修

建置

地以方名名隨代異所從來舊矣雖北陲一隅之地而或分或併或因或革有可言者懷來之名肇於遼有明因縣爲衛而名仍其故我

朝易衛爲縣而不改其名蛙紫之興多更張以示異

聖明之代類率由以明公信夫

陶唐氏立九州地屬冀州

【光绪】怀来县志十八卷首一卷

清朱乃恭修，席之瓒纂。清光绪八年（1882）刻本。六册。半页十行二十四字，小字双行同，白口，四周双边，单黑鱼尾。框高 19 厘米，宽 15 厘米。书前有清光绪八年朱乃恭序，许隆远康熙旧志序，清光绪八年席之瓒序，图十一幅，目录。

朱乃恭，字允卿。奉天府锦县人。清同治七年（1868）进士。署怀来县知县。

席之瓒，字恺亭，举人，本邑人。

清康熙五十一年（1712）知县许隆远重修《怀来县志》，其后至光绪八年（1882）一百七十年历史，文籍无征。其间先后有陈宗庆、吴钦两任知县提议重修县志，但都未付诸行动，前后拖延七八年。清光绪七年（1881）朱乃恭任知县，上任伊始即捐俸修志，其延聘邑绅席之瓒总理修纂事务，广搜轶事，博采前言，历时三个月成书，并于当年秋付梓。

是志全书共十八卷首一卷，正文分二十八门四十二目，约十五万字，记事止于清光绪七年（1881）。是志编次：卷首序、图，卷一纪恩（临幸），卷二世纪，卷三地舆（形胜）、山川（水利）、古迹（景致、坟墓），卷四物产、土贡、风俗（礼仪纪略、岁时纪略）、灾祥，卷五建置、城池（街道、市集、墩汛）、官署（废署、坊额），卷六仓库（校场、军地、官庄、马场、养济院、留养局、义冢、各废仓库局厂）、驿站军站（铺司、隘口、桥梁），卷七村乡户口、田赋（杂税、盐课、差徭、廪饩），卷八学校（书院、义学），卷九祀典（寺观），卷十军政，卷十一职官（封爵、世袭）、宦绩（谴谪），卷十二人物（流寓），卷十三科第（贡监）、仕宦（捐输），卷十四节孝，卷十五杂记，卷十六艺文（记、谕、考），卷十七艺文（传、碑、说、序），卷十八艺文（诗、后序）。

与［康熙］《怀来县志》相较，该志设目更细。该志加入《世纪志》，记载上起黄帝，下至清兵入关之史事，均摘自正史、《通鉴》等史书。增设《驿站军站志》，详载怀来驿站军站的马匹、人员、银粮配备。除新设门目外，很多内容仍沿袭旧志，并做增补，如《土贡志》载，杨木长柴，产于宝凤山，燃烧时烟直，为京师坛庙祭祀之用，别地所产之杨木皆不堪用，明万历年间贡八百斤，康熙初年增至三千二百斤，道光十二年（1832）之后，增至一万一千斤。通过前后县志一脉相承的记载可看出怀来土贡负担的日益增加，对考察该地时代生活，解开历史真相，留下了具体的文字资料。

《中国古籍总目》史部方志类著录。中国国家图书馆、中国科学院图书馆、中国第一历史档案馆、北京师范大学图书馆、上海博物馆、上海辞书出版社、天津市人民图书馆、山西省图书馆、张家口市图书馆、南京大学图书馆等二十八家收藏机构藏有该志。

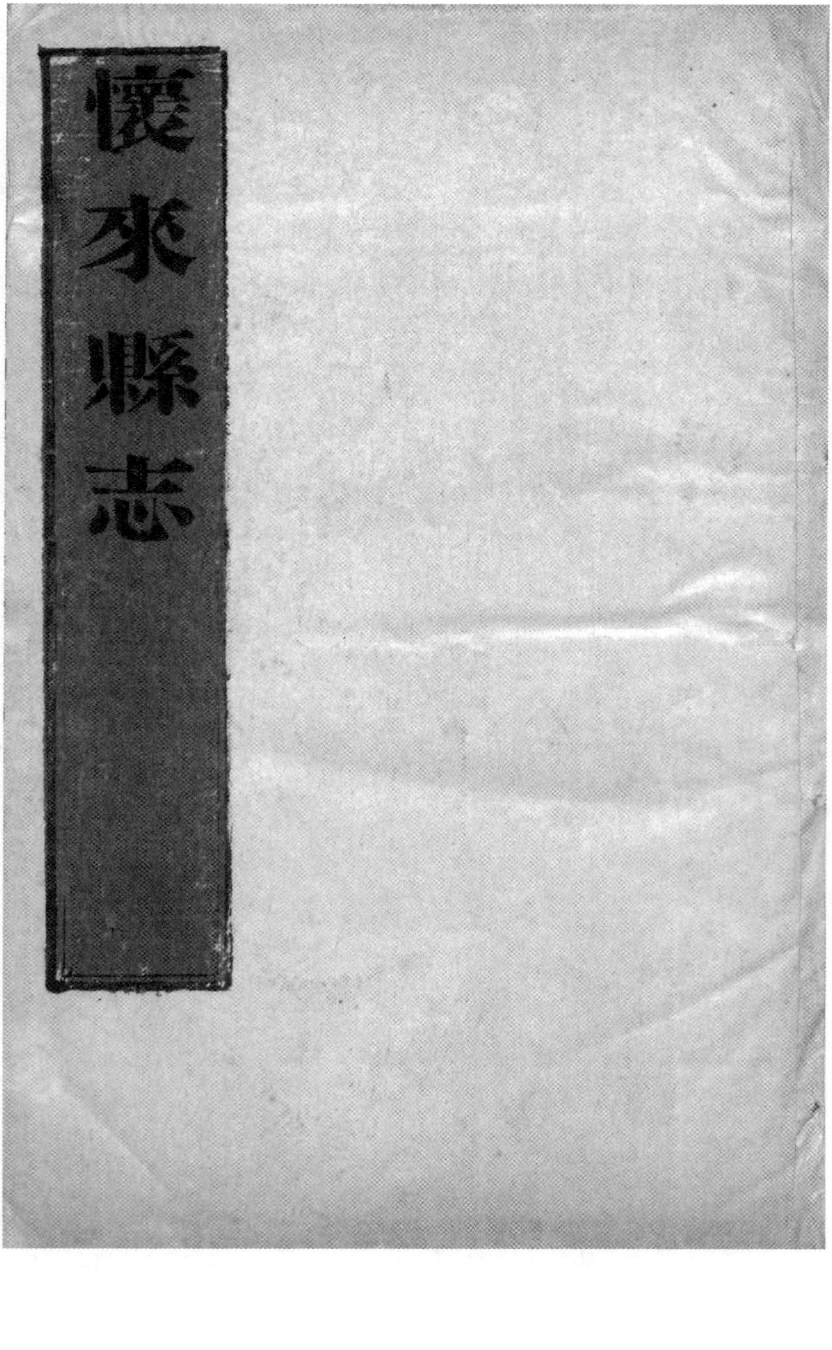
懷來縣志

懷來縣志卷之首

邑令閻濬許隆遠耐園纂修

繪圖

邑乘之有圖由來尚矣嬀川雖邊邑然路當衝劇

聖駕不時臨幸皇華冠蓋絡繹不絕其城郭宮室釐然具舉而山川林麓堪入圖者尤多因命工繪之以備是書之成余行且離茲土異日者天各一方披是圖而指其處所凡五六載之勤瘁猶恍然在吾目中也若夫歷久更新是所望於後之君子

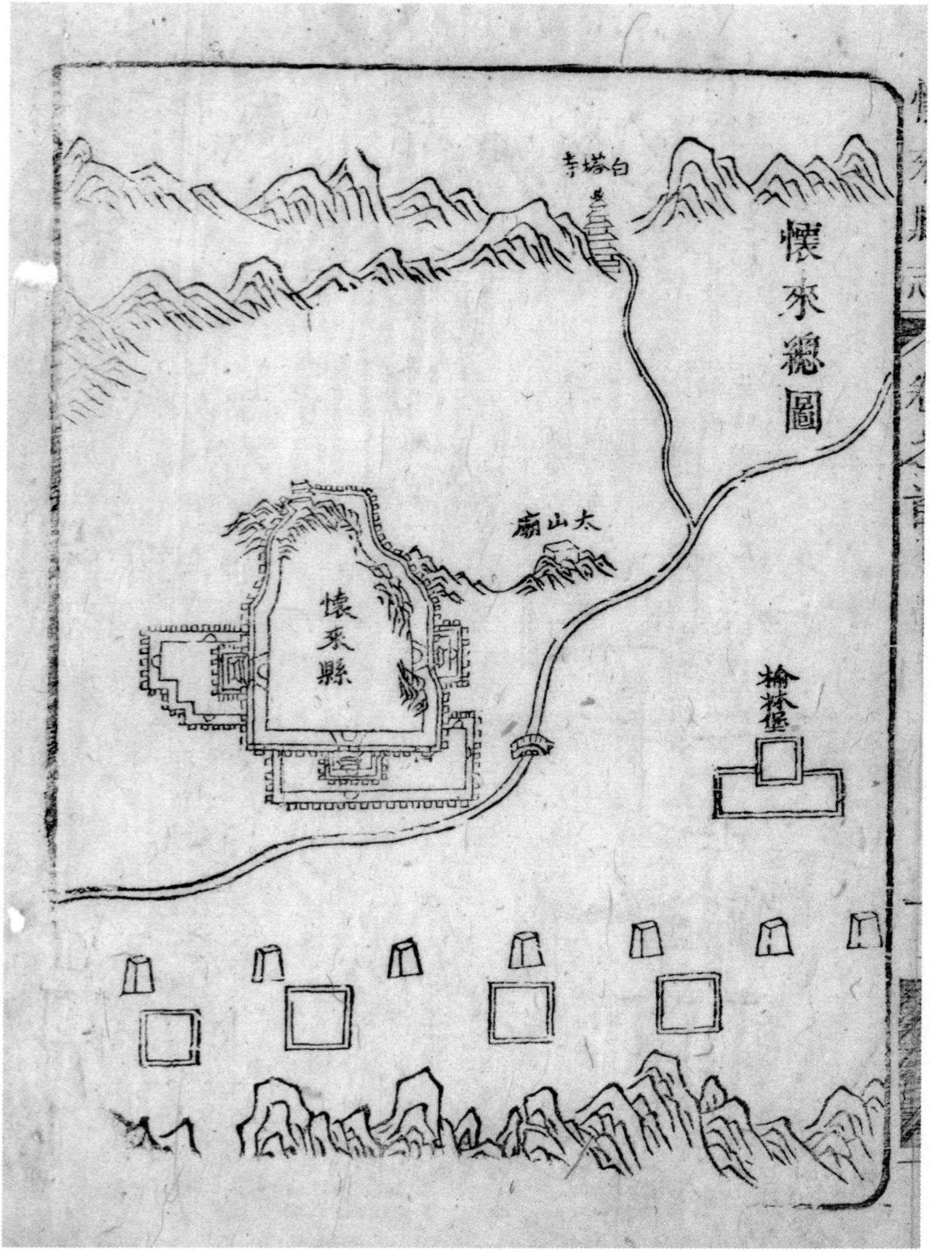
懷來總圖
白塔寺
太山廟
懷來縣
榆林堡

懷來縣志目錄

淩川朱乃恭允卿甫鑒定　邑人席之瓚愷亭編輯

懷來縣志卷之一

紀

恩志　臨幸

懷來在前代一兵戎蹂躪之區也士危於鋒鏑民苦於焚掠岌岌乎難哉

聖朝中外一統邊境塵清墊隘之後斯民得鼓腹嬉游何幸如之又時逢

翠華巡邊民依廑念地方偶遇偏災雖一村一堡之微亦必

天語懃摯賑䘏立沛二三百年來吾懷人之離水火而登衽席者皆

阳　原

阳原县，位于河北省西部。春秋属代国，战国属赵国代郡，秦属代县，西汉置阳原县，属代郡。三国、西晋仍属代郡。唐属河东道蔚州。五代十国属晋国蔚州。辽属西京道大同府。明为宣化左卫地，永乐年间为保安右卫。清置西宁县，属直隶省。中华民国时期属直隶口北道，民国二年（1913），为避免与甘肃省西宁府重名而改为阳原县。民国十七年（1928），置察哈尔省，划入包括阳原在内的口北道十县。1952 年，察哈尔省撤销，划归河北。1958 年并入蔚县，1961 年，从蔚县划出，复设阳原县，延续至今。

阳原县现存志书三种：其一是清何芬纂修、张充国增辑的［康熙］《西宁县志》八卷首一卷，存清康熙五十一年（1712）刻本；其二是清韩志超、寅康修［同治］《西宁新志》十卷首一卷，存清光绪元年（1875）刻本；其三是民国刘志鸿修，李泰棻纂［民国］《阳原县志》十八卷，有民国二十四年（1935）铅印本。

【康熙】西宁县志八卷首一卷

清何芬纂修、张充国增辑。清康熙五十一年（1712）刻本。六册。半页八行十八字，小字双行同，白口，左右双边。前有清康熙四十六年（1707）何芬序，凡例，目录，首卷为绘图。卷端题："三韩张充国定远纂辑。"

何芬，字蔺石，号环水，湖广钟祥（今湖北省钟祥县）人。清康熙朝进士。清康熙四十一年（1702）任西宁县知县，其任内革陋规、除宿弊，有所禁令，民服其教。

张充国，字定远，号亦候，满洲镶白旗人。清康熙四十七年（1708）继何芬任西宁知县，以廉干著称。

西宁县旧无志乘。西宁地处边邑，本设卫所，重视军备而疏于文教，地方官员"诘而戎兵，峙而刍茭"，以致当地"数十里庠序不立，拾芹者寄籍别卫"，清康熙三十二年（1693）置县。康熙四十一年，何芬任知县，深感西宁无志，县事缺略无闻。四十四年（1705），请其同乡林盛执笔撰稿。林盛，字大林，号海岳，原籍湖北黄陂，清代文人，虽聪颖好学然屡试不第，后云游燕北，定居龙关，著有《此远堂诗文集》。林盛旁搜博摭，每成一帙，均与何芬"相与参互考订"，四十六年，志成，虽因文献不足，尚存诸多缺漏，然何芬、林盛仍具首创之功（[康熙]《西宁县志·序》）。其后，后任知县张充国又对该志进行增辑并付梓。

该志共分八卷首一卷，是志编次：首卷绘图，第一卷建革、象纬、灾祥，第二卷山川、城堡、疆域、形势、坊宇，第三卷武略、赋役、风土，第四卷祠祀、学校、选举，第五卷秩官（附名宦），第六卷人物（附贞节、流寓、仙幻），第七卷艺文（记、辩、传、疏、文、墓表），第八卷艺文（诗）。

该志为西宁首志，综合记载了西宁县的沿革、建置、地理、社会等内容，是研究当地历史十分珍贵的资料汇编。西宁旧为军事重镇，设“武略”一门，记载明至清当地战事及清代驻防制度。“风土志”不但对重要的岁时节气的活动和习俗加以记载，还按照士、农、工、商、冠、婚、丧、祭八方面记述当地社会风俗，并附记物产、祭赛巫觋。在附记之“祭赛巫觋”中以实例警示人们不信巫术。然或由于文献资料匮乏，该志存在“第详时事，于考古为疏，于地理尤疏”之缺陷（［同治］《西宁县新志·序》）。

《中国古籍总目》史部方志类著录。中国国家图书馆、北京大学图书馆、湖北省图书馆等八家收藏机构藏有该志。

西寧縣志序

志以記地古而有之西寧何獨闕然僉曰前此衛也而非邑西東兩城城置一弁壤地訖數十里庠序不立拾芥者寄籍別衛境內名勝絕少騷人詞伯未嘗至止宦斯土者詰爾戎兵峙爾芻茭旁午而不暇及此也雖然春秋魯志也一時所載齊楚晉衛下逮邾莒部防紬大必書凡有專司之地者即有各子之

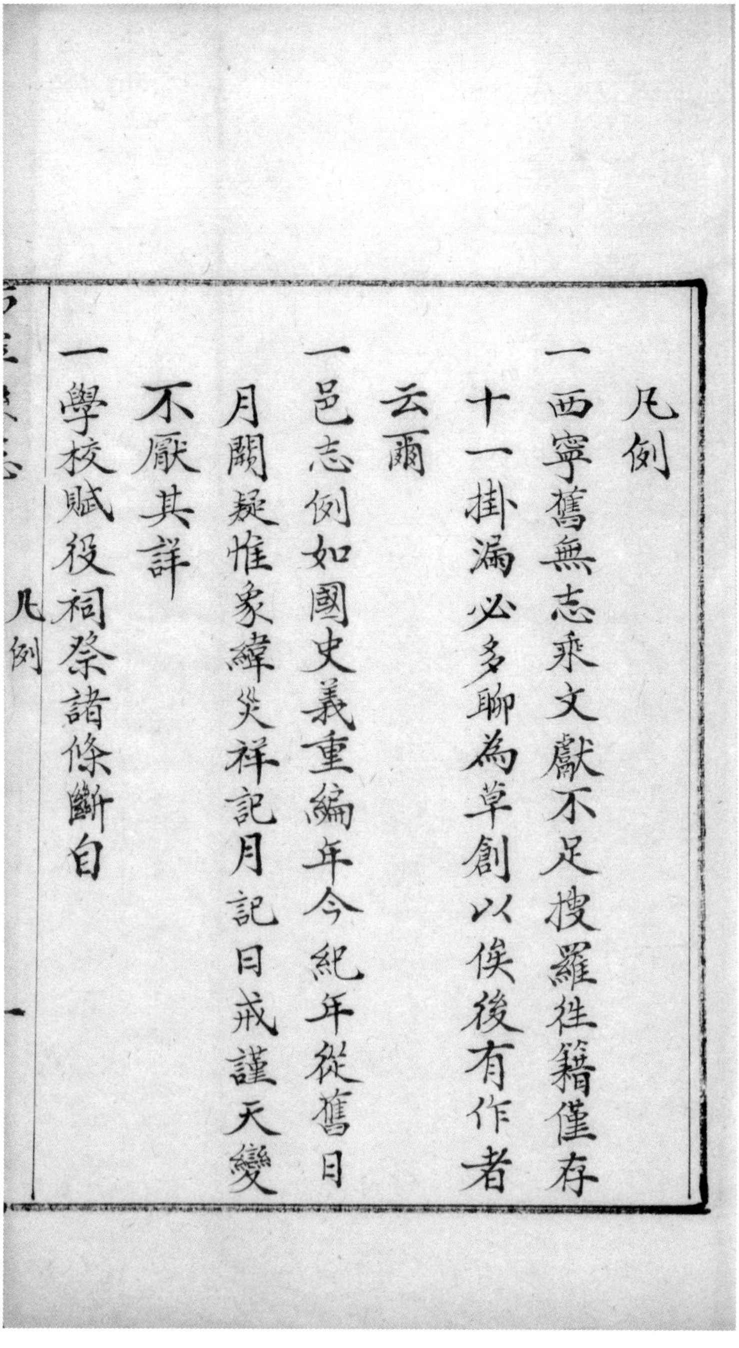
凡例
一西寧舊無志乘文獻不足搜羅徃籍僅存
十一掛漏必多聊為草創以俟後有作者
云爾
一邑志例如國史義重編年今紀年從舊日
月闕疑惟象緯災祥記月記日戒謹天變
不厭其詳
一學校賦役祠祭諸條斷自
凡例　一

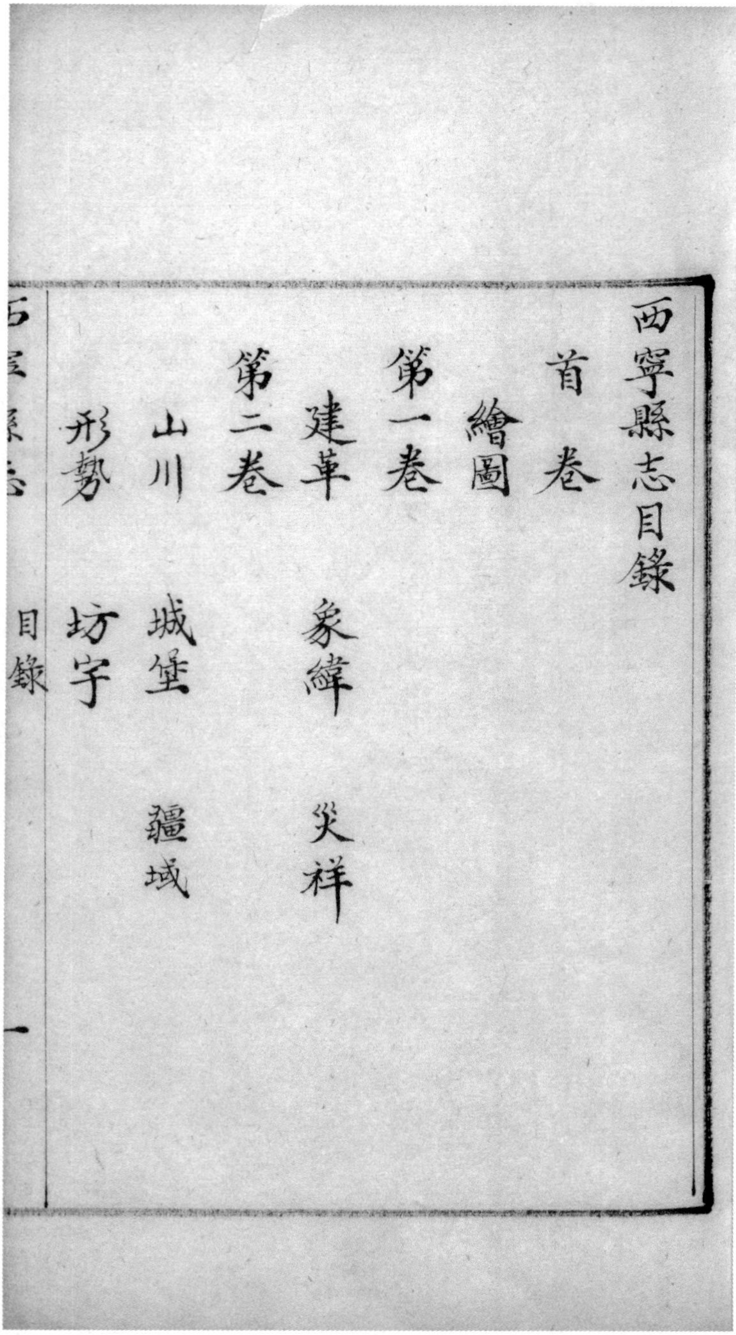

西寧縣志目錄

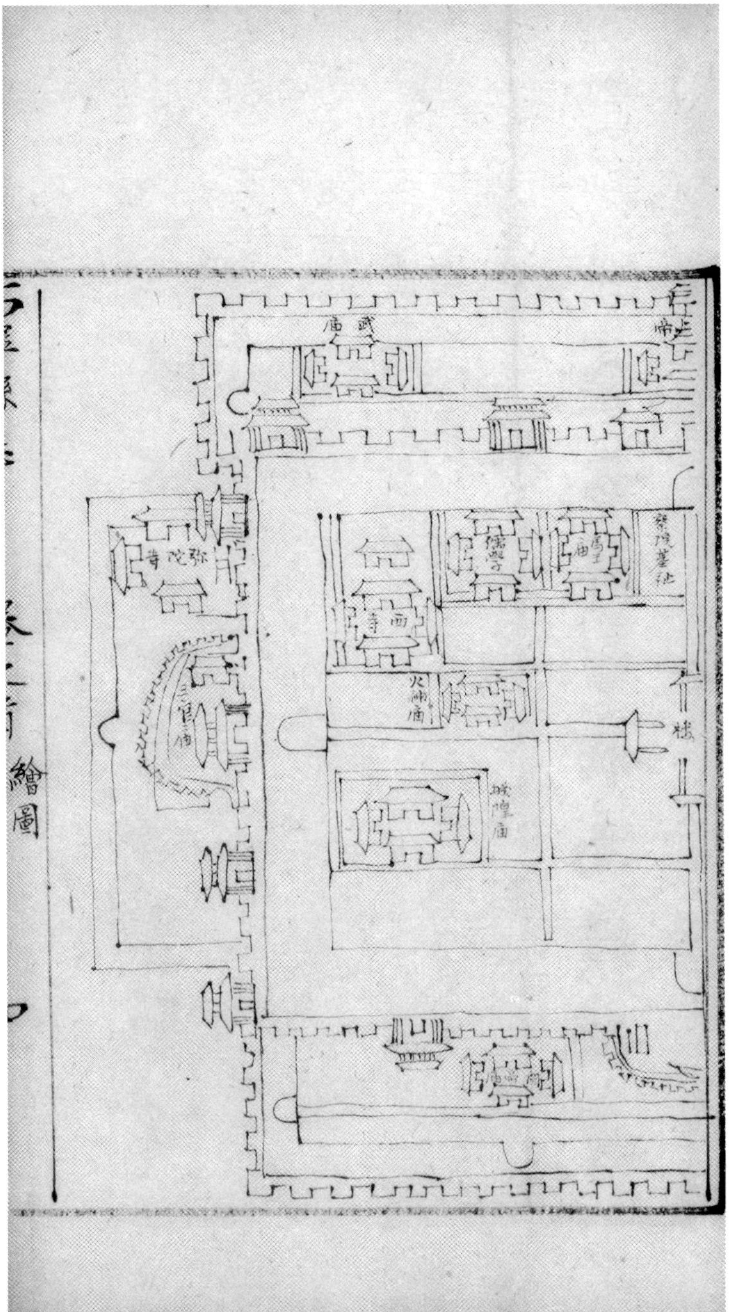
繪圖
武庙
弥陀寺
三官庙
火神庙
城隍庙
楼

西寧縣志卷之一

三韓張充國定遠纂輯

建革志

世有升降制有沿革一代之興建邦啓土各因其時舜州十二禹貢九牧春秋之時縣大於郡七國以後郡大於縣無定義也西寧地屆邊陲晉唐以來淪為山後建革靡常然而地列五服幽冀燕趙之域恒岳伊邇歷朝封

西寧縣志　卷之一　建革志　一

【同治】西宁新志六卷首一卷

清韩志超、寅康修，杨笃撰。清同治十二年（1873）宏州书院刻本。四册。半页十行二十四字，小字双行同，白口，左右双边，单黑鱼尾。框高18.5厘米，宽14.1厘米。前有清同治十二年知县寅康序，撰修姓氏，目录，图。内封镌："同治癸酉七月宏州书院校刊。"

韩志超，号鹤云，山东章丘县人。曾署西宁县知县。

寅康，满洲正白旗人，清咸丰九年（1859）进士。清同治六年（1867）任知县。

杨笃，字维利，号巩同，别署琴如，号秋湄，别号北屈，或署虬麋道人、吕香真逸，晚号东渎老人，山西省乡宁县人。清同治举人，主讲西宁宏州书院。其一生致力于方志撰修，是近代有名的方志界名家。他一生之中主撰了《山西通志》《蔚州志》《代州志》《西宁新志》《繁峙县志》《壶关县续志》《长子县志》《潞城县志》《黎城县志》《屯留县志》《天镇县志》《长治县志》，襄修《五台县志》一部，共计十三部志书，创造了我国历史上个人修志种数最多的纪录。

西宁有志，始于清康熙年间，"康熙中，县令何芬始创为之，后令张充国又增辑之"。寅康认为康熙志"第详时事，于考古为疏，于地理尤疏"（《西宁新志》寅康序），其曾预根据府志对前志进行参订，却未能抽出时间。当时任宏州书院院长的杨笃听闻此事，以编纂之事为己任。韩志超、张为章又先后署理知县，对修志一事给予大力支持。不久该志即脱稿，名曰"新志"。

书前有《县境全图》。该志共十卷首一卷，列十八门二十四目，约六万字，记事止于清同治十年（1871）。是志编次：卷一纪恩志、地理志、星度志（附灾祥）；卷二建置志（城池、祠祀、廨宇、驿递、市集、桥梁、坊表），疆域志（附关隘、村堡）；卷三山川志、古迹志（附碑幢宅墓）；卷四赋役志，学校志（附书院、义学），兵防志；卷五职官志（附宦迹），选举志（进士、举人、贡生、荐辟、武科、仕宦）；卷六人物志；卷七人物志（附寓贤）；卷八列女志；卷九风土志（附物产），武事志；卷十艺文志、杂志。“艺文志”中有杨笃为该志所作跋文。跋文谓：“其义法门目，多本之通志、府志，间有难合，乃征他书，非所自创也，故卷首不标举凡例，事增于旧志者十九，体亦大异，两书并行，各从所据，非与争名也。”

该志尤重地理考证，此外，山川、古迹二志记载颇详，是研究阳原地区历史地理的重要资料。此外，“风土志”下所附“物产”对当地所产之粮、蔬、果、花、六畜等各类均加以附注，如“雀，有数种，胸赤者曰红点，青者曰蓝点，其善鸣者曰时辰子”，对研究该地物种类型及生态环境均有裨益。

《中国古籍总目》史部方志类著录。中国国家图书馆、中国科学院图书馆、北京师范大学图书馆、华东师范大学图书馆、天津市人民图书馆、保定市图书馆、内蒙古大学图书馆、吉林大学图书馆、甘肃省图书馆等三十二家收藏机构藏有此志。

西甯縣新志
李增光題籤

史家以志爲難志以地理爲難州縣志者地理之書自宋以來體例漸備其紀述之法視乎史其考訂之難亦視乎史之志西甯鄙在代北古未有志之者康熙中縣令何芬始創爲之後令張充國又增輯之其書第詳時事於考古爲疎於地理尤疎如自漢迄晉僅舉一陽原而以屬之上谷廣甯自北魏迄隋唐僅舉一安塞而以屬之涿郡武州以金襄陰與宏州異治以元宏州與順聖同屬鑿空謬妄大都類是余嘗欲本府志正之未暇也會以事去楊君秋湄仙右名孝廉也時主講書院毅然以編纂自任而章邱韓鶴雲平羅張漢橋兩明府先後攝宰力贊成書比余再至草稿適就近復重加刪易手自繕治釐爲十卷題

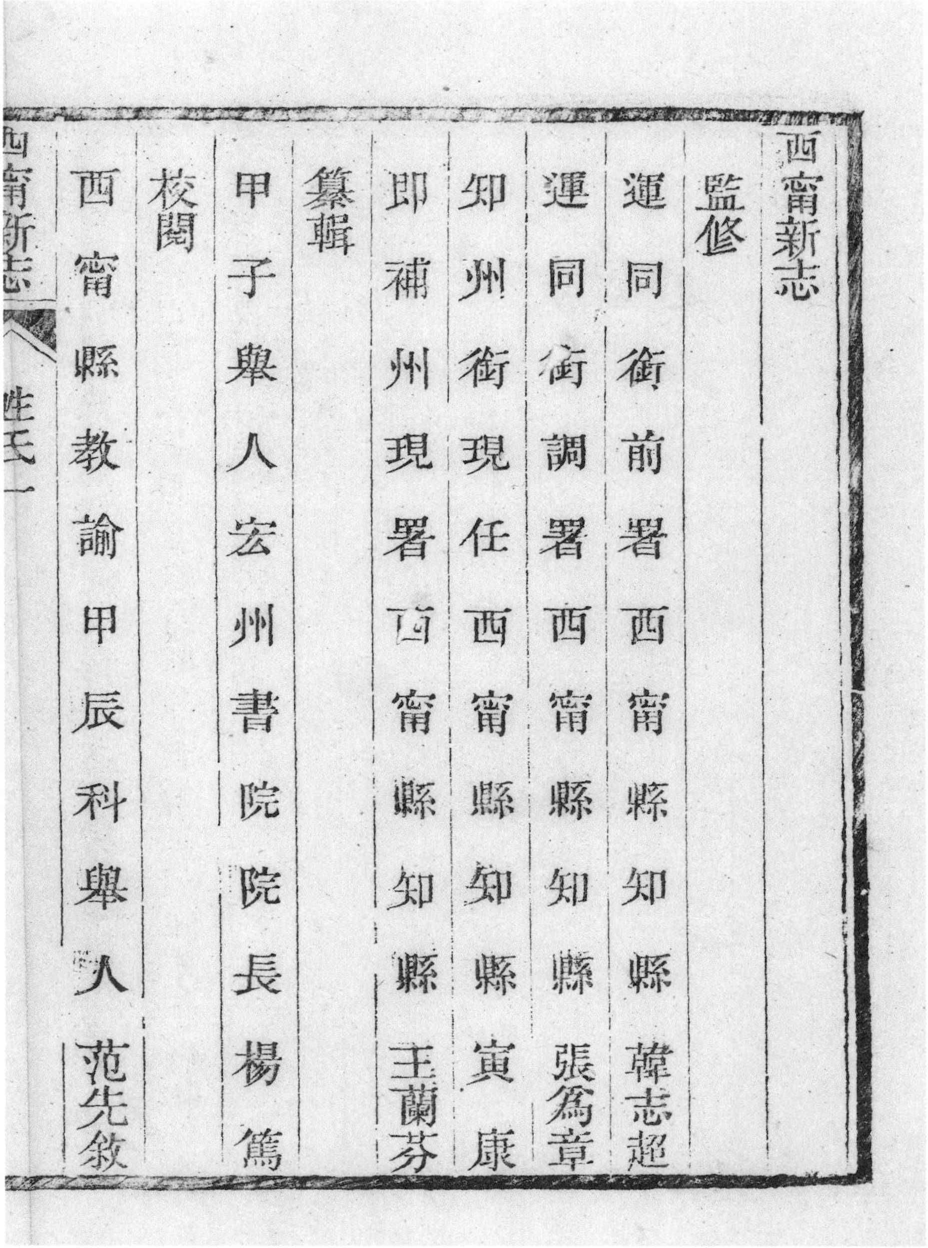

西甯新志

監修

運同銜前署西甯縣知縣韓志超

運同銜調署西甯縣知縣張爲章

知州銜現任西甯縣知縣寅康

即補州現署西甯縣知縣王蘭芬

纂輯

甲子舉人宏州書院院長楊篤

校閱

西甯縣教諭甲辰科舉人范先敍

西甯新志　姓氏　一

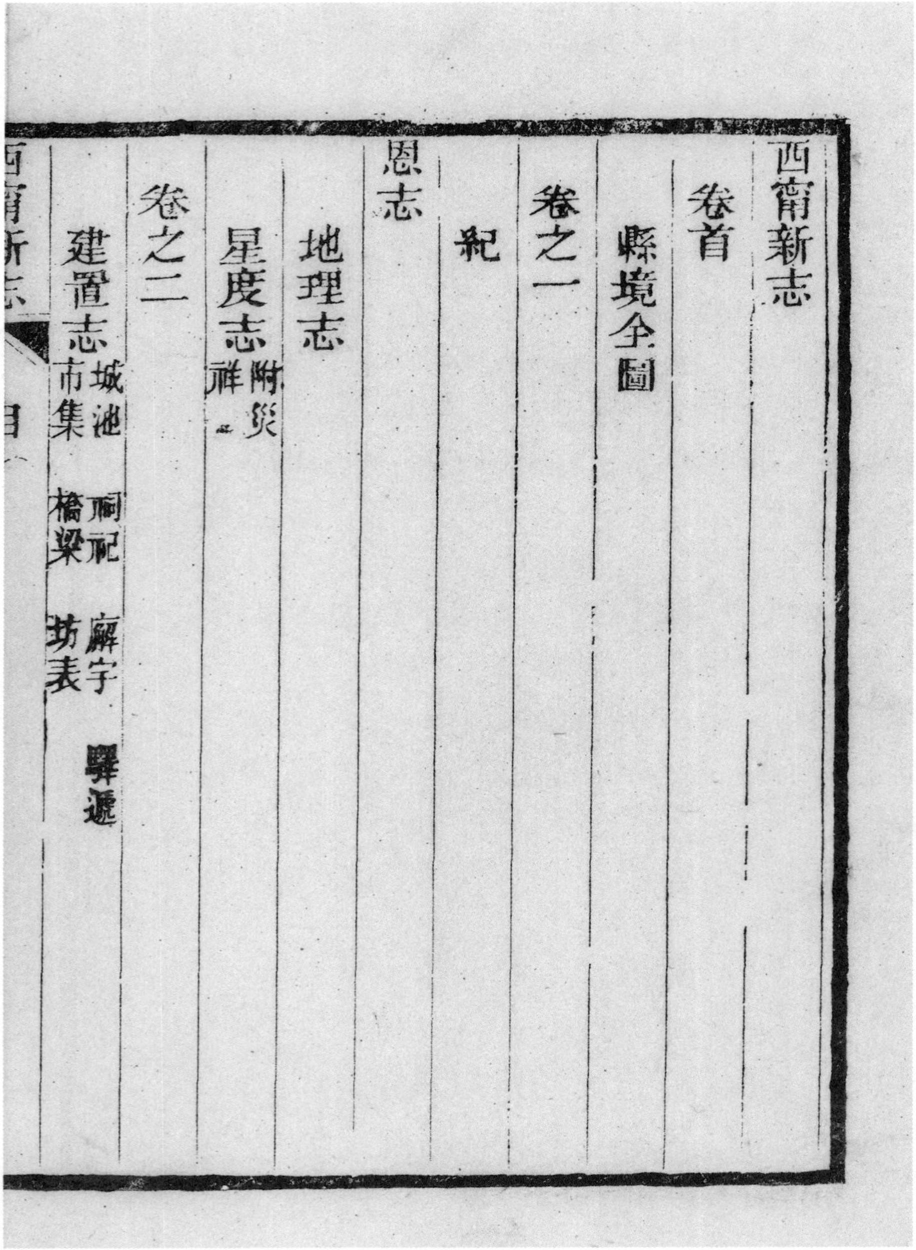

西甯新志

卷首

縣境全圖

卷之一

紀

恩志

地理志

星度志附災祥

卷之二

建置志 城池 祠祀 廨宇 驛遞

市集 橋梁 坊表

西甯新志 目

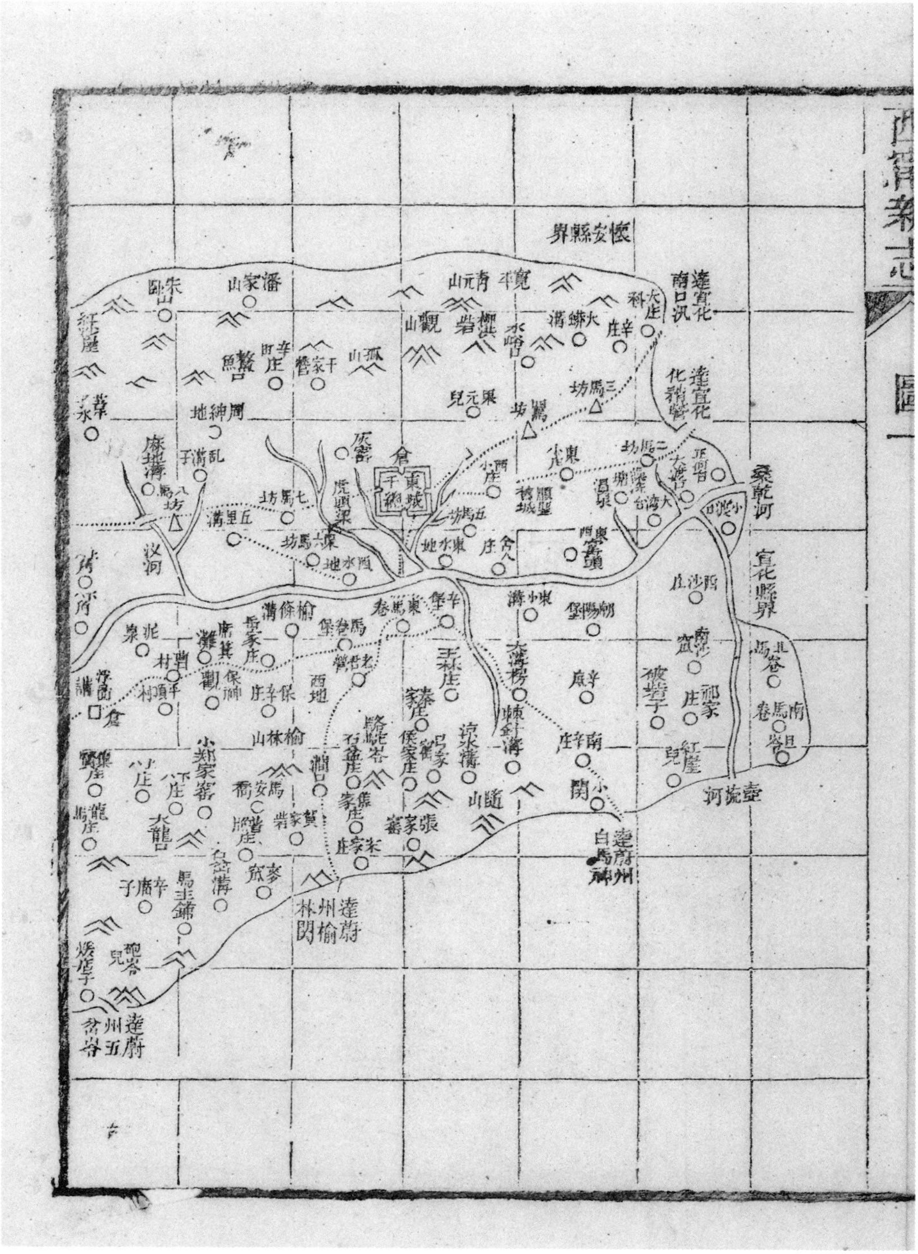
懷安縣界
宣化縣界
桑乾河
壺流河

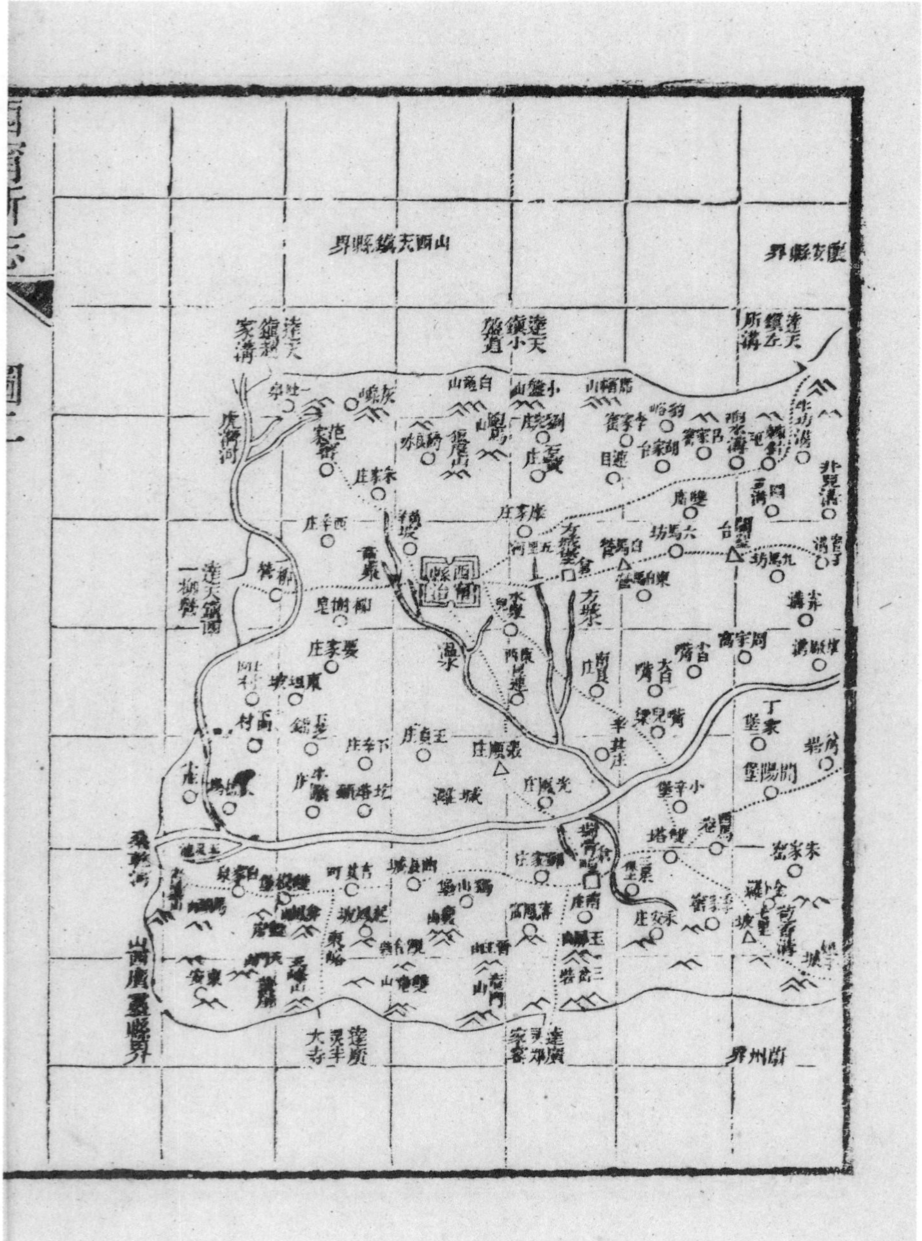
山西天鎮縣界
西甯縣治
蔚州界

西甯新志卷之一

紀

恩志

國家惠養黎元深仁厚澤洋溢中外西甯爲畿內縣推恩自近

凡慶遇所及初政所行雖非一邑所敢私蹈詠之矣至於水

旱有徵罔不先廑

聖慮或優賜振恤或寬除租賦惟恐一隅之弗安一夫之失所謹

備志以見重熙累洽之盛邊民之日臻殷阜者非偶然也

康熙十九年二月二十六日

上諭戶部朕聞宣府等處歲值大祲吾民乏食鬻賣妻子以自求

【民国】阳原县志十八卷

刘志鸿修，李泰棻纂，民国二十四年（1935）铅印本。四册。半页十七行四十字，白口，四周双边，单黑鱼尾。前有阳原县县志编修馆职员表，馆长刘志鸿等照片数帧，阳原县中山公园全景，正文配图数帧，县山川图、县城平面图，凡例，目录。

刘志鸿，阳原县前县长。

李泰棻（1896—1972），字革痴，号痴盦，河北省阳原县揣骨疃人。先世为口北望族，其家族清末犹多富贵者。其曾任北京大学、北京师范大学历史系教授，主治史学、金石学、方志学，著述甚丰。有《中国近百年史》《今文尚书正伪》等，其《方志学》一书是我国最早的方志学专著之一。

李泰棻于民国二十年（1931）"奉葬先严返里"，应刘志鸿县长之聘任《阳原县志》总纂，其草拟序例、目录及调查条规，数月之后，采访稿完成，依表例填，却多有首尾不全或张冠李戴现象。其间，刘志鸿调任张北，陆水继任县长，新旧更替之时，县志编修馆陷入停滞状态。此时，李亦在总纂《绥远通志》，并拟补正县志资料，大致拖延了三年，民国二十四年（1935）方才成书。

全志十八卷，分十八门九十六目，是志编次：卷一为地理，包括疆域、区村、沿革等；卷二为建置，包括关隘、城堡、衙署等；卷三为古迹，包括故城、故墓、故宅、塔台、杂迹；卷四为爵职，包括封爵、职官；卷五为选举，包括科第、辟举、卒业；卷六为政治，包括财政、交通、建设等；卷七为党团，包括政党、法团、社团；卷八为产业，包括农工商矿林等；卷九为宗教，包括道、佛、基督三教；卷十为礼俗，包括冠义、婚礼、丧葬等；卷十一为生活，包括衣服、首饰、饮食等；卷十二为人物，包括仕宦、学术等；卷十四为艺文，包括经史子集；卷十五为金石；卷十六为前事，包括武事等；卷十七为文征，包括散文、韵文；卷十八为掌故，包括政令等。此志十八卷，为目九十有余，可谓宏括。

该志是方志界公认的一部全国名志，是我国旧志向新志过渡时期专家修志的代表作。其编纂方法科学，内容翔实，体例严谨，语言精粹，资料性强。篇目较旧志多有增新，如政党、产业、生活等篇，气候、财政等目。尤其是首创“生活”一门，翔实记载了当地百姓衣食住行等方面内容，更分贫民、中产阶级、富家三类，分别记述其不同的膳食结构，并附清代官吏及命妇之朝服、民国男妇幼童之最新式常服、清朝迄今三百年无大变更之农工男妇老幼之常服等照片数帧，鲜明地反映出各阶级之间生活的巨大差距。编纂方法上，旧志用疆域分界，而此志大胆运用经纬分界。图，表均附列于各目之中，以便查看。在内容上，提供了大量民国时期的各方面资料。比如在经济方面，该志对社会经济变迁、生活产品形态详加叙述，卷六《政治财政》就列出了《税捐一览表》《正税杂捐一览表》和民国元年至二十四年间（1912—1935）的《历年经费支出表》，这对研究民国时期财政经济极具参考价值。虽该志也存在诸如数字统计前后矛盾、内容归类不当等不足，但总体而言，质量较高，多被后人称许。

《中国古籍总目》史部方志类著录。南京图书馆藏有此志稿本。北京大学图书馆、中国第一历史档案馆、中共中央党校图书馆等三十余家机构藏有此志民国二十四年（1935）铅印本。

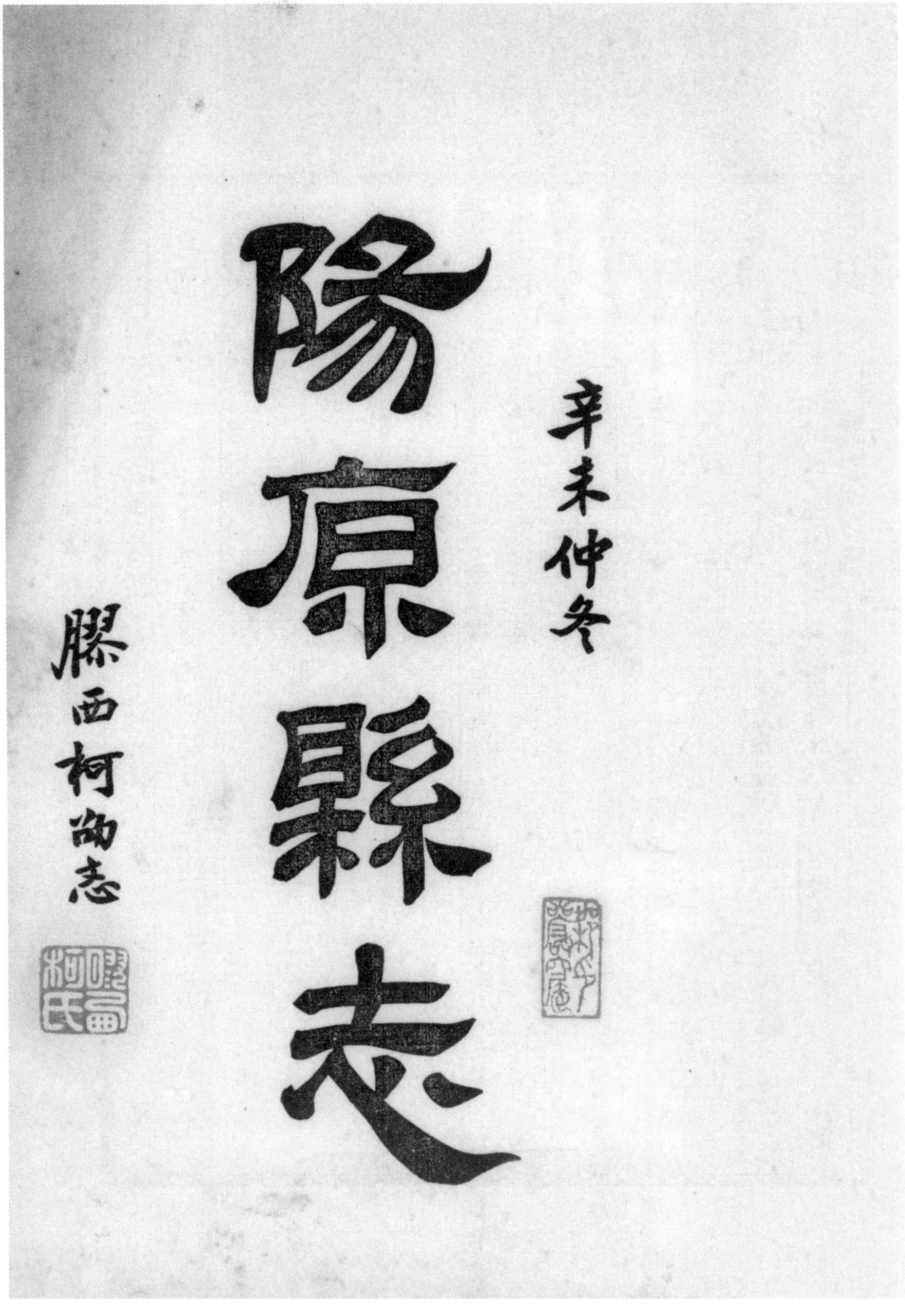
辛未仲冬
陽原縣志
膠西柯劭忞

陽原縣縣志編修館職員錄

館長　劉志鴻　陸冰　張肇隆　李蔭春　張硯田　梁廣澤　白如琳　范慶煦

副館長　宋鳳岐　李崇熙

總編纂　李泰棻

總務股長　宋鳳歧

調查股長　曹印魁

總務股員　李鉅棻

調查股員　張曉湖　趙景福　李澤霖　張菱洲　牛　達　朱福先　李秉鈞
薛維城　全重恭　趙承錦　楊明泮　張殿試

統計員　製表　李炳華

繪圖員　古物　李劉慧貞

測繪員　地圖　曹　鉉

錄事　曹　杰　張好善　王少臣　蘇蔭光

董事　楊　恒　李潤之　井列辰　王　麟　龔畯熙　范慶中　趙發義　趙介軒
李起巖　司秉元　王秉章　馬浴沂　朱景華　盧世英　井　方　李炳甲

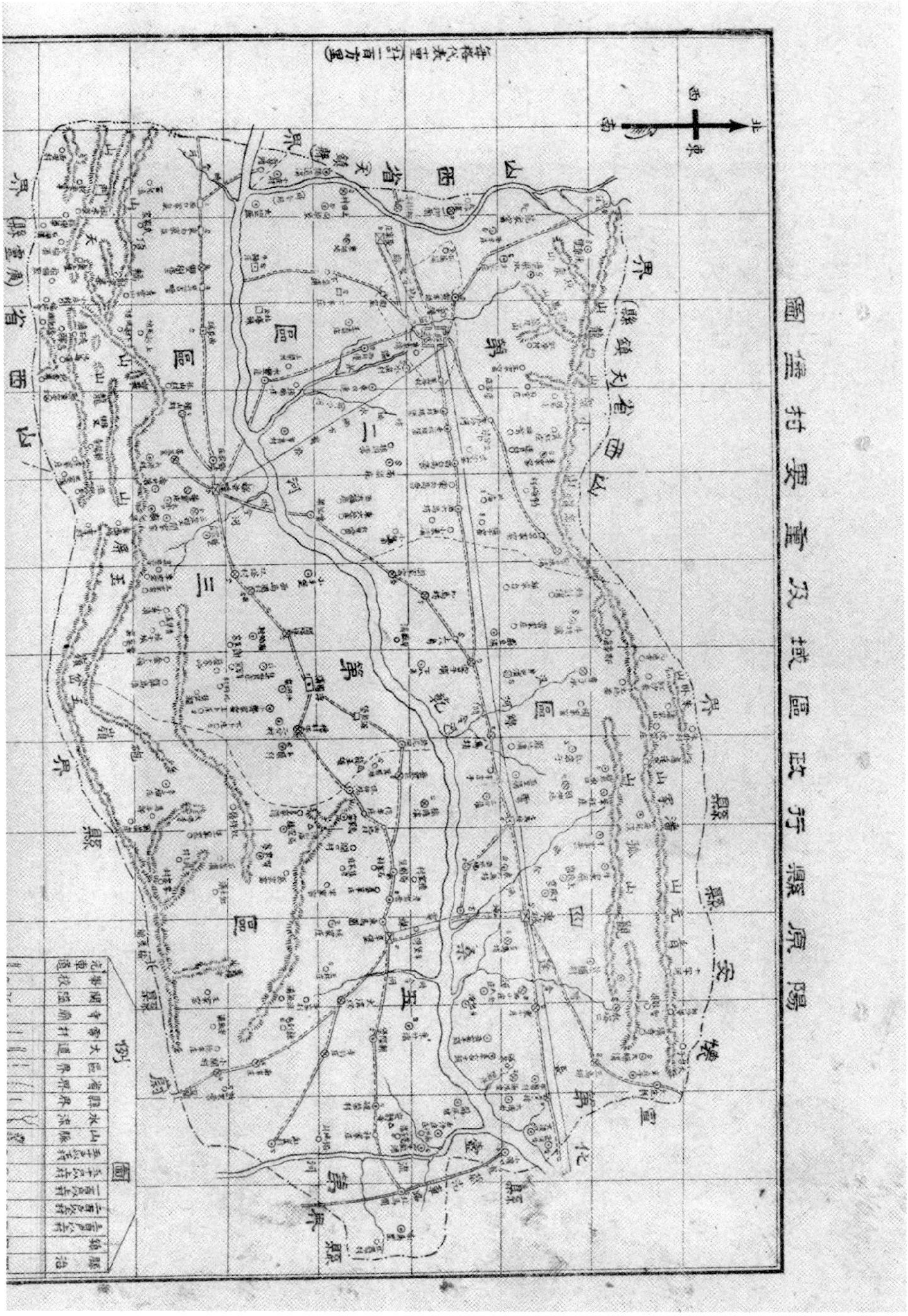
陽原縣行政區域及重要村鎮圖

昔漢朱贛條列九州風土。班孟堅本之以作地理志。上起禹貢。下訖當時。垂範於龍門八書之外。至司馬紹統續漢書。僅能臚舉郡縣名數。謙稱郡國。不克居地理之名。自是以來。史家紀載。標目雖襲孟堅。裁體實師紹統。若夫朱贛所條者。衍爲方志之書。歷觀唐宋諸志。括方輿者。若賈敦詩李宏憲。述州郡者。若周彥廣范致能。流傳著錄。與史籍相表裏。於是漢書始創地理之精詣存乎方志而不在正史。然則方志之學。固非良史之才不能勝任也。近代史學。以章實齋爲成一家言。獨致詳於方志。其自撰諸志。亦多得史法。邇來繼實齋而論方志者。首推陽原李君革癡。革癡精研乙部。覃思抒慮。成方志學一書。張皇幽渺。山崖屋壁。稗海環瀛。莫不囊括而會通之。有實齋所未能盡知者。蓋方志之學。久爲史部附庸。自實齋而體始尊。自革癡而用益廣焉。然實齋修湖北通志而未成。革癡修綏遠省志亦中輟。實齋和州諸志。既已傳誦士林。而革癡近修本縣志成。幽并之間、推爲名著。兩賢先後。何其似也。抑又聞之重修方志。舊志佳者似易而實難。舊志劣者似難而實易。良以前人紀述完美。承以改作。精采難見。瑕疵易指。若前志多有可議。則新修自易見長。今陽原清曰西寧。縣志實出於鄉寧楊秋湄學博之手。秋湄以通雅名於時。所作故已精審。革癡改作。事增五分之四。內容逾見典覈。體例門目。且多特創。視實齋諸志。難易迥殊。此其與實齋不同者一也。又以本貫修志。似易而實難。以外籍修志。似難而實易。蓋其繁簡之酌宜。敘述之得體。與夫婉而成章。盡而不汙。不虛美。不失實者。惟本縣人命筆爲難。非比應聘而來。操觚直筆而無所顧慮也。此其與實齋不同者二也。昔人處此而能盡善者。其惟宋羅鄂州之新安志。明談孺木之海昌外志乎。而孺木殫思國榷、鬱爲名山之業。餘力及於縣志。亦能大雅不群。今革癡正經述史之書。久已裒然風行。庠序。其又兼擅羅談兩家之譽。可無疑也。革癡之先。屏山李公純甫在金末。負重名。學兼儒釋。文長散韻中。

陽原縣志　序　一

陽原縣志叙例

一、本縣新志曾由山右楊篤重修於同治癸酉。本志上接楊志幾六十年。然前代各事亦有楊志未述。本志增加者。非敢好勝。理應爾也。

一、楊志共分十卷十九目。其詳當於藝文志述之。本志除影圖外。爲卷十八。爲目九十有餘。往者省府廳州縣鎮各志。少者數門。多不三十。邇者世運演進。人事日增。倘求地理史事詳述靡遺。勢必分門別類。闡明原尾。非敢務多。亦理應爾。

一、按部頒修志事例。『地方名勝古蹟。金石拓片。以及公家私家所藏各種古物。在歷史上有重要價值者。均應製影片編入。』本志盡力搜求。分列各卷。以資鑒證。

一、古者圖書並重。相爲表裏。本志輿圖由測繪專員分別測定（係建設局承繪者。每格代表十里。）疆域。政區爲一圖。山川又爲一圖。外有縣城平面一圖。雖僅三幅。而本縣地載。固可一覽無遺。舊志疆域分界。概用星野。楊志亦仍此法。但至今日地學進化。經緯分明。是以本志各圖。開方辨位。悉用經緯。蓋天道遠而人道邇也。

一、舊志卷首。皆有詔諭。宸章。皇言。天德等志。雖云專制表現。要亦間關史蹟。本志於歷代詔令。依其性質。擇要分屬各門。其餘統名政令。列入掌故。雖非專志。固不闕遺也。

一、舊志名宦鄉人。往往一例同編。幾無賓主輕重之別。故章實齋湖北通志叙例。名宦改稱政略。蓋鄉人包括全體。學行文藝。無所不取。而名宦則皆客籍。地非久居。官不世祿。蜀郡之慕文翁。南陽之思邵父。取其有造斯邦。興利除弊也。即或仕此之先。鄉評未協。遷地而後。晚節沒終。罔關斯土之行。似在不

陽原縣志目次

地圖　初擬特製沿革圖若干。但各朝縣界無法詳考。故暫從略。

疆域政區圖　山川圖　縣城平面圖

影片　除正副館長及縣志館仝人合影外。其餘影片均須與各卷本文對觀

劉館長志鴻　范館長慶熙　陸館長氷　宋副館長鳳歧　李副館長崇熙　縣志館仝人合影

中山公園全景　清官吏及命婦之朝服　清士宦家男婦之常禮服　民國男婦幼童之最新式常服　李總纂泰棻　清迄現在之農工男婦老幼之常服　富貴者之宅門　貧民之宅門　富貴者住宅之客堂或上房　貧民住宅之一部　遼代三石幢　李凌垣所書屏條

陽原縣志

邑人李泰棻革癡父述

卷一 地理

疆域

本縣三面錯晉疆而西北更近。且平衍多村聚。明以前互爲屬。而今則分省。桑乾東過順聖界宣蔚而趨於羣山之會。明以前各爲治。而今則一縣。其全境未爲有蹩於古。而論者或不能無去險就夷鞭長莫及之慮。故正其經界。爲言地理者之最先務焉。

縣治東八十五里至宣化縣界。由二馬坊達深井至宣化縣治二百里。西十五里至山西天鎭縣界。由柳樹竈達陽高東井集。至大同縣治一百六十里。南四十里至山西廣靈縣界。由三岔寨山路至廣靈縣治一百里。北十五里至山西天鎭縣界。由劉完莊取小盤道山路。至天鎭縣治七十里。東南八十里至蔚縣界。由暖店子取五岔嶺山路至蔚縣治九十里。由小關村達蔚縣西河營。至縣治一百六十里。西南五十里至山西廣靈縣界。由東峪取橋兒澗山路。至廣靈縣治一百里。東北九十里至懷安縣界。由牛坊溝取天鎭左所溝山路。至懷安縣治一百里。由三馬坊達懷安縣丁窰嶺。至縣治一百四十里。西北二十里至山西天鎭界。由一吐泉達天鎭縣趙家溝。至縣治八十里。至陽高縣治一百一十里。由縣治至省治張家口二百四十里。東西約廣一百里。南北袤五十五里。然以東南突出地。如旦嶺子一帶計之。則東西可達百十五里。不過此乃特長之點。未可以概全縣也。按大清一統志卷二十四宣化府屬西寧縣之疆域道里。與此諸多不同。本縣疆域自設治以來。雖無更變。然一統志之調查。當不若今日本縣志館調查之詳到。故今不從一統志也。縣境東西約當東經百十四度至百十四度四十分。南北約當北緯四

赤　城

赤城县，地处今河北省北部、白河流域上游，处于燕山余脉与张北高原过渡地带，为清代兵防重镇。据《宣府镇志》载：因“城东二里，山石多赤、色如云霞，望之若雉堞，故名赤城山，城以山名”。周秦为上谷郡地，西汉置女祁县，西晋为广宁郡下洛县地，隋为涿郡怀戎县地，唐置龙门县（治龙关），辽置望云县（治龙关），元升望云为云州。明废州置赤城堡、龙门卫，清康熙三十二年（1693）改赤城、龙门为县。抗日战争中，赤、龙二县地曾组建为龙赤、龙延怀、龙崇赤、龙崇宣、赤源抗日联合县，属晋察冀平北专署管辖。解放战争中分属于赤南县、赤北县、龙崇宣县政府。中华人民共和国成立后，1958 年龙关、赤城合并为龙关县，1960 年更名为亦城县。

赤城志书现存五种。其一是由清孟思谊修、张增炳纂的《赤城县志》，共八卷首一卷，有乾隆十三年（1748）刻本；其二是乾隆二十四年（1759），由黄绍七在乾隆十二年刻本基础上加以补订重刻之本；其三是清同治十一年（1872）由林牟贻等纂修的《赤城县续志》，该志仅存稿本；其四是清光绪七年（1881）由于光明等据旧志增补刊刻之本；其五是清光绪九年（1883）许憬重订本（即本书所录本）。

【乾隆】赤城县志八卷

清孟思谊纂修。清乾隆二十四年（1759）黄绍七补订乾隆十三年（1748）刻本。四册。十行二十二字，小字双行同，白口，左右双边，单黑鱼尾。前有清乾隆十三年朝议大夫吴炜等序四篇，目录，凡例，纂修姓氏，舆图。

孟思谊，字舒先，安徽和州人，十岁丧父，举于乾隆壬戌进士第，授赤城县知县。思谊搜罗掌故、采辑闻见，专志于文献，颇有造诣。乾隆二十五年（1760），思谊移疾回归故里，家居五年后卒，年五十。

张曾炳，字于丙，江南人，举人。

赤城本无志乘，明代李仙风撰《北中三路志》载开平、龙门二卫之事。清康熙三十二年（1693）始改卫为县，属直隶宣化府。"自改卫设县以来五十余年，有志者皆以邑乘为务，每惜文澄献渺，未克成书"（《赤城县志》黄绍七序）。虽先后有张良标、廖三友两任知县撰修过志稿，然均属草创，且多有矛盾之处。清乾隆十一年（1746）孟思谊任赤城知县后，即以修志为己任。"丙寅年书稍稍集，属同年张主其事，甫联缉成书。"（凡例）到乾隆十二年（1747）删润改订始付剞劂。乾隆二十四年（1759）知县黄绍七又进行了补订，续载艺文十篇及改建学宫时官衔捐银姓名共二十一页。由此也可以看出，清代官吏对修志事业的重视及以之为己任的责任感，这也是整个清代修志事业兴盛的重要原因。

凡例载："今志大半取材《北中三路志》《宣化府志》，更以列朝国史、《畿辅通志》、宣属各邑志与夫名家文说诸集参考成书"，由此可知该志文献来源。且该志对所引之资料均注明来源。

该志凡八卷首一卷，共分八门三十六目。卷目依次为：卷一地理志，包括沿革、疆域（附形势）、山川、古迹（附陵墓）、乡都、风俗、星野、灾祥；卷二建置，包括城堡（附桥梁、坊表、楼阁）、公署（附废署）、仓库（附废仓库）、学校（附旧学、义学、书院、学田）、坛庙（附寺观）、邮政，卷三食货志，包括赋税、经费、积贮、物产，卷四武备志，包括军制、塞垣、墩汛、驿铺（附），卷五职官志，包括文职、武职、官迹，卷六选举志，包括文科、武科、武职、仕籍，卷七人物志，包括勋略、忠节、行义、壶节、附流寓及方外，卷八艺文志，包括文、诗、纪事（附杂志）。

本志契合赤城为军事重镇的特点，有关军事方面的记载较详。在“武备志”中分军制、塞垣、教场、驿铺四类记叙，记载了各城堡的官兵、粮饷、教场、器械等军事布置情况。其后所附《屯田》一文是研究明代屯田的珍贵资料。本志对保存历史文献颇具价值，如其相当部分内容摘录自明代李仙风《北中三路志》，此志如今早已佚失，研究者往往只能间接利用［乾隆］《赤城县志》的引文。

《中国古籍总目》史部方志类著录。中国国家图书馆、北京大学图书馆、民族文化宫图书馆、上海辞书出版社等十余家机构藏有此志清乾隆十三年（1674）刻本。中国国家图书馆、中国第一历史档案馆、中国历史博物馆、国家文物局文物保护科学技术研究所资料组、中共中央党校图书馆、北京大学图书馆、北京师范大学图书馆、中央民族学院图书馆等十余家机构藏有此志清乾隆二十四年（1759）黄绍七补订刻本以及光绪九年（1883）重印本。中国国家图书馆、中国第一历史档案馆、中国人民大学图书馆、南京市图书馆藏有此志民国铅印本。上海市图书馆藏有此志抄本。

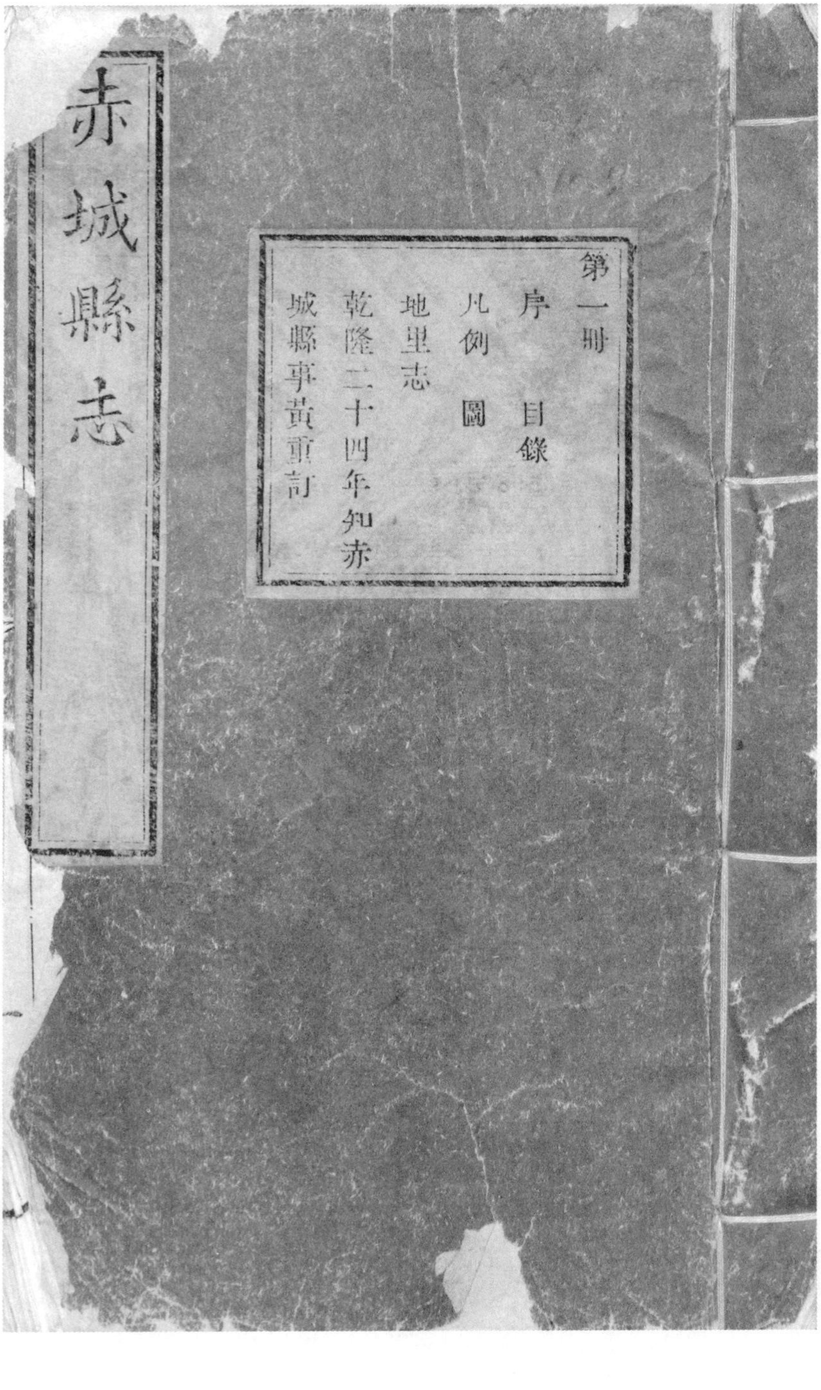
赤城縣志
第一冊
序 目錄
凡例 圖
地里志
乾隆二十四年知赤城縣事黃重訂

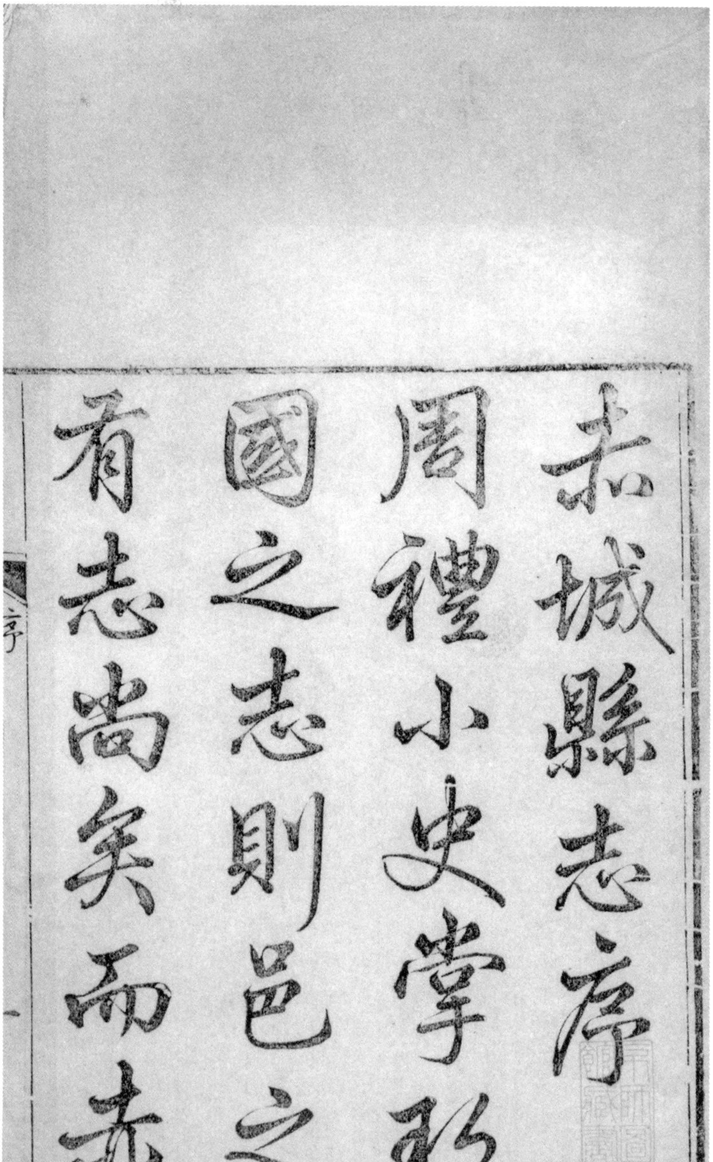

赤城縣志序

周禮小史掌邦國之志則邑之有志尚矣而赤

赤城縣志目錄

赤城縣志

凡例

一赤邑故無耑志李氏北中三路志載前明開平龍門兩衛事自元以前從畧

本朝改縣後前令張（良標）廖（三友）先後成有志稾草創而已多所牴牾近宣化府志成參較諸史辨正孫氏宣鎮志胡氏續宣鎮志多可援据間亦不無踈漏葢採訪之未精非秉筆者之過也今志大半取材北中三路志宣化府志更以列朝國史畿輔通志宣屬各邑志與夫名家文說諸集參攷成書

赤城縣志卷之一

地理志

赤邊垣居全府之半縱橫所亘皆古戰場也明初徙治開平外藩自撤己巳之變馬營獨石實先蟻潰嘉靖中邊臣繕備尺列寸守於北路尤三致意焉然則縣境非著面黑子已也實全府之首領神州之扃鑰矣百年綏靖山高水長折戟遺鏃了不可見保息以養之本俗以安之保障之道斯在爰件繫夫封守諸端以逮輶軒之光華雨暘之休咎連而書焉夫非一方聚米觀歟

赤城縣志　卷之一　地理志　一

【同治】赤城县续志十卷首一卷

清林牟贻等纂修。有清光绪九年（1883）重订清光绪七年（1881）刻本。五册。半页十行二十二字，小字双行同，白口，左右双边，单鱼尾。框高18.1厘米，宽14.1厘米。前有清光绪七年赤城知县许憬序，目录，纂修人员名单，凡例。

林牟贻，字次来，山东掖县（今蓬莱）人，咸丰元年（1851）举人，历任赤城县知县兼独石口同知，著有《亚禄山房诗稿》。

许憬，字贯一，咸丰乙卯、戊午并科举人。历任赤城、肃宁知县。

赤城旧志成书于清乾隆十三年（1748），后清同治年间，有林牟贻、宋尚文两任知县“先后成有续志稿”，但均未付梓。清光绪七年（1881），许憬任赤城知县，“复就见闻所及详加补订而较正之”（《赤城县续志》凡例），“本欲节取旧志，分入续修之中，又念工本浩大，民财维艰，因与诸绅共议，不如仍存旧板，将续志附刻于后”（《赤城县续志》许憬序），由此可知，光绪七年之《赤城县续志》是在旧志的板上附刻上续修县志的内容而成。本志正文多次提及“黄志”，当据黄绍七乾隆补订本增补。

凡例谓：“志体例分为纲目，旧纲列为八，新增为十目，统于纲，庶协纲举目张之义。

该书体例仍延续旧志，并新增二门，全文分十卷，原缺卷六，卷目依次为：卷一地理志，卷二建置志，卷三礼制志，卷四食货志，卷五武备志，卷七选举志，卷八人物志，卷九艺文志，卷十天文志。

该志在旧志基础上增辑的内容保存了一些清嘉庆至同治年间的珍贵史料，其所具有的接续性对反映赤城地区某些事物的完整性及发展脉络具有一定意义。如“建置志”下“学校”一目，乾隆志载“明正统六年置开平卫学，万历三十六年置龙门所学。本朝初仍明旧制，顺治十六年裁龙门所学并与开平卫。康熙三十二年置赤城县，裁卫学置县学，即社学，为学宫地势狭窄，规制未备。乾隆二十二年知县黄绍七同绅士议与上帝庙互易，凡前制未备者，今俱改建增修”，该续志增录“道光十年知县吴庆祺重修，同治九年知县曹松颐补葺”。

该志也存在卷首所列“赤城县续志目录”的条目与本志正文内容不符，写作体例亦有失严谨等明显缺陷。

《中国古籍总目》史部方志类著录。中国科学院图书馆等十二家收藏机构藏有此志清光绪七年（1881）刻本。中国国家图书馆等九家收藏机构藏有此志清光绪九年（1883）重订刻本。

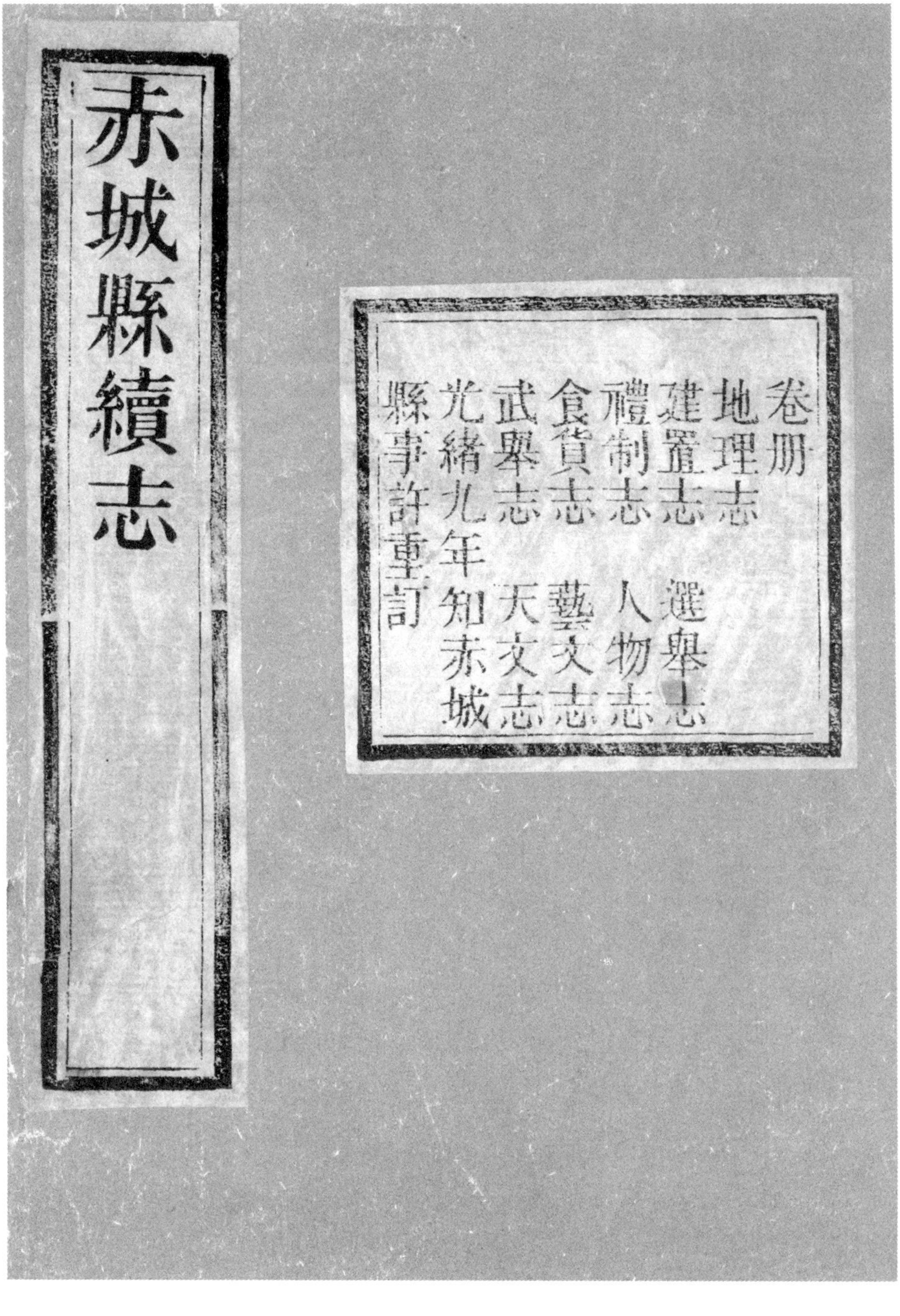

赤城縣續志

卷册
地理志
建置志 選舉志
禮制志 人物志
食貨志 藝文志
武舉志 天文志
光緒九年知赤城
縣事許重訂

赤城縣續志序

志書何爲而作也維持風化而作也慨自世道日下人心澆漓有不知善之當爲而不爲者有明知善之當爲而不爲者有始焉爲善而繼焉爲不善者有陽焉爲善而陰焉爲不善者紛然雜出類皆君子其口而小人其心焉予於光緒七年承乏赤邑適有邑志之修業已告竣尙未行梓公務暇爰取所續修者而閱之覺筆墨與事跡均屬風雲月露復取舊志觀之始嘆前人操觚非後人所及也本欲節取舊志分入續修之中又念工本浩大民財維艱因與諸紳共議

赤城縣續志

凡例

一志體例分爲綱目舊綱列爲八新增爲十目統於綱
庶協綱舉目張之義
一義例仍舊志參以續修所引
畿輔通志條畧加增易務求詳備非敢自居作者
一卷中所載舊志原文最關緊要者悉仍舊
詔諭
宸章舊志載於藝文紀事之末冠履倒置於義未諧茲特
恭錄以冠卷首

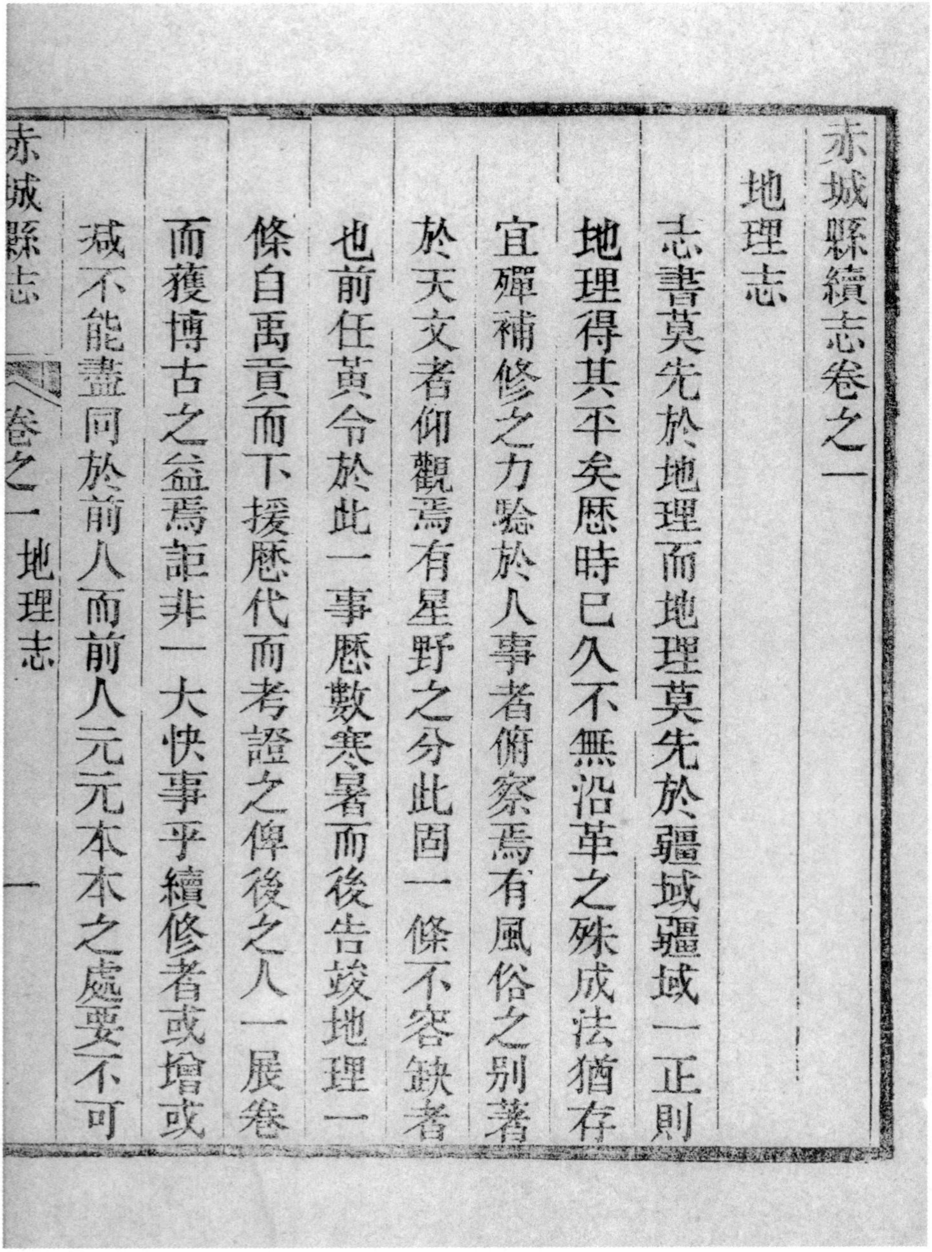

赤城縣續志卷之一

地理志

志書莫先於地理而地理莫先於疆域疆域一正則地理得其平矣歷時已久不無沿革之殊成法猶存宜殫補修之力驗於人事者俯察焉有風俗之别著於天文者仰觀焉有星野之分此固一條不容缺者也前任黄令於此一事歷數寒暑而後告竣地理一條自禹貢而下援歷代而考證之俾後之人一展卷而獲博古之益焉詎非一大快事乎續修者或增或減不能盡同於前人而前人元元本本之處要不可

赤城縣志　卷之一　地理志　一

龙 关

龙关县，古称龙门县，历代均为兵防重镇。秦时属上谷郡。汉武帝时属幽州部。汉献帝后属冀。晋武帝时属广宁郡。南北朝时属东燕州，后改冀燕州。隋时属涿郡。唐穆宗长庆二年（822）改涿鹿为新州，领县四，龙门为其一，龙门县之名由此始。明宣德六年（1431）废县置龙门卫，清康熙三十二年（1693）复为县。民国三年（1914）因其县名与广东龙门县重复，且设置在后，改称龙关县，属直隶省口北道。民国十七年（1928）改隶察哈尔省。今属河北省张家口市赤城县。

龙关志书现存两种，其一为清康熙章焞纂修《龙门县志》十六卷，平列十九门，是志为龙关县的首部县志，文献缺乏，访求不易，所以考订多有不详。有康熙五十一年（1712）刻本、乾隆间重印本；其二民国刘德宽修、何耀慧撰《龙关县志》二十卷首一卷，分十九门，有民国二十三年（1924）铅印本。

【康熙】龙门县志十六卷

清章焞纂修。清康熙五十一年（1712）刻本。五册。半页九行二十字，小字双行同，白口，单黑鱼尾。前有清康熙五十一年章焞序，目录，凡例，图。卷端题："龙门县知县山阴章焞辑。"

章焞，号枝石。浙江山阴人。曾任内务府教习。清康熙四十五年（1706）任龙门知县。

龙门旧无志书，在明孙世芳修《宣府镇志》中，"龙门仅其附及，又止于嘉靖四十年（1561），后监司李公仙风修有《三路志》，饷府王公治国、杨公国士袭为《下北路志》，仅就中采录，挂一漏万，且数十年来率无访辑"。时任龙门知县章焞于公务闲暇之际，辑纂邑志，以备参核。虽殊力搜求，由于文献缺乏，访求不易，考订不详，并为付梓。后经前任下北路粮储厅王治国、文人林盛等整顿，方才刻印。

书前有《龙门八景图》。正文分十六卷，是志编次：卷一沿革志、疆域志、山川志（附边外山川），卷二象纬志、灾祥志，卷三城堡志、边垣志（附墩台）、形势志，卷四营构志（附坛庙、邮驿、坟墓、漏泽），卷五赋役志（附税课、风俗、圣谕十六条、物产），卷六俸廪志（附孤贫、运赈、抚赏），卷七学校志（附学制、训士卧碑文、御制训饬士子文、乡饮酒礼）、祠祀志，卷八武略志，卷九秩官志，卷十名宦志，卷十一选举志（附将帅、明世袭、乡饮宾），卷十二人物志（武干、忠烈、孝友、文学、双寿），卷十三人物志（贞节、流寓、仙幻、附纪异），卷十四艺文志（记），卷十五艺文志（记、引、墓志、辨、谕、奏疏)，卷十六艺文志(诗)。

该志为龙关县首部县志，虽因参考文献不足，存在考订不详的缺陷，但也保存了一定的关于龙关地区历史文化的文献资料。如该志以二卷次内容记载艺文，“荒僻之乡，广收纪载”，足可见撰者对于保存文献资料之重视。此外，每志后加论，抒已见，陈利弊。如“赋役志”下“物产”目后，曰：“龙城当胜国时改卫所，扼许杨二冲之要，额兵三千，其守备等官则勋戚世袭指挥领之，一以守城垣，一以理屯务，寓有事则战，无事则耕之意。又虑食不足，令盐商输粟于边以易盐引，其时钱粮广给，兵马繁多，以致民人富庶，今钱粮裁省，止于编户，寥寥土薄气寒，物产有限，土著多贫困矣”，据此记载，可见龙门经济的今昔对比，及当今贫困之原因。

《中国古籍总目》史部方志类著录。中国国家图书馆、中国科学院图书馆、中国社会科学院考古研究所图书馆、故宫博物院图书馆、中国第一历史档案馆、中国历史博物馆等二十余家机构藏有此志清康熙五十一年(1712)刻本或乾隆年间重印本。北大藏本为乾隆间重印本，其多处漫漶不清。

【民国】龙关县志二十卷首一卷

刘德宽修，何耀慧纂。民国二十三年（1934）铅印本。一函八册。半页十四行三十一字，小字双行四十五字，白口，四周双边，单鱼尾。前有清康熙五十一年（1712）龙门知县章焞序，民国二十三年察哈尔省政府秘书长杨兆庚序、民国二十年（1931）龙关县县长刘德宽、何耀慧等序十二篇，龙关县审查县志委员会一览表，凡例，修撰县志人员表，分门修撰县志人员表，孙中山总理遗像及遗嘱，察哈尔省政府主席宋哲元、省民政厅厅长秦德纯、龙关县县长冯九龄、县志会副委员长办理印志事宜县政府第二科科长朱正、县志会委员长何耀慧、县志会委员刘懋德等人肖像，龙关县城内古塔、龙关县属长安岭要隘、锁阳关要隘、龙关县城南之南严极阁、剪子岭关隘等、县城东南辛窑堡东南山中赤铁矿、长安岭村西古松等照片及简介，县城图，龙关县境分区略图及各区详图。

刘德宽，字润九，辽宁凤城人，奉天（今沈阳）政法专门学校毕业，民国十九年（1930）任龙关县县长。

何耀慧，字子光，龙关县人，清代秀才。清光绪三十一年（1905）赴日本弘文学院教育专科学校学习，清光绪三十二年（1906）毕业返乡任劝学所总董。民国二年（1913）因劝学所撤销而去职。民国四年（1915）被直隶省教育厅任命为龙关县劝学所长，民国七年（1918）去职。民国二十年参加《龙关县志》编纂工作，担任县志会委员长。

清乾隆五十一年（1712）龙门知县章焞编修《龙门县志》，是为龙关地区首部志书，此后二百余年未续修县志。其间虽屡有修志之议，但均未能付诸行动。民国十九年（1930），刘德宽任龙关县长，有感于县志失修已久，深恐历年久远，事迹湮没，倡议修志。适逢民国二十一年（1932）省政府通令各县编修县志，遂延聘邑中宿儒士绅何耀慧、刘懋德、程生贵、朱正等组织修撰县志委员会，分股采访，搜罗材料，历时七月脱稿。然而，因经费短缺，该志成书后并未付梓。民国二十二年（1933）边度春任县长，以完成该志为己任，设法筹措钱款，此志才得以付梓。

该志正文分二十卷，十九门，共计三十一万字。卷目依次为：卷一地理，卷二建置，卷三古迹，卷四物产，卷五实业，卷六财赋，卷七教育，卷八礼俗，卷九兵备，卷十公安，卷十一宦迹，卷十二职官，卷十三选举，卷十四人物，卷十五党务，卷十六自治，卷十七杂志，卷十八艺文，卷十九灾祥，卷二十大事记附县志会呈报开办暨结束文。

该志所载清康乾以前之典故史实，多取材于清康熙五十一年《龙门县志》及清乾隆二十二年（1757）《宣化府志》，其后至咸丰以前，凡无稽者皆付阙如。志体因时制宜，适时创新，删旧志中祠祀，增党务、公安、自治、礼俗等门目，另将一些旧志门目进行归并，如将"沿革""疆域""山川""形势"归并为"地理"一门，并重新命名某些旧志名目，如将"学校"改为"教育"。

"物产志"载："龙关之富源首推铁产，如辛窑之铁。民国三年（1914）曾经农商部高等顾问西人安迪生调查，足敷六十年开采。矿质送省化验，得铁六六而强，一时名动中外，政府要人提倡开采，只以交通不便，修路困难，临时变更方针，先开宣化县烟洞山，仍名曰龙烟铁矿，断章取义，以开龙为宗旨开烟，乃试办耳。"如是记载，不但得以了解龙烟铁矿来历，更为后世开发利用当地矿产资源提供了文献支持。时至今日，赤城辛窑仍以产铁著名。"实业志"将农工商概况详细列表，以便阅览者与他邑对比，也可看出当地地瘠民贫之特点。

《中国古籍总目》史部方志类著录。中国国家图书馆、中共中央党校图书馆、北京大学图书馆、张家口图书馆等十六家收藏机构藏有此志。

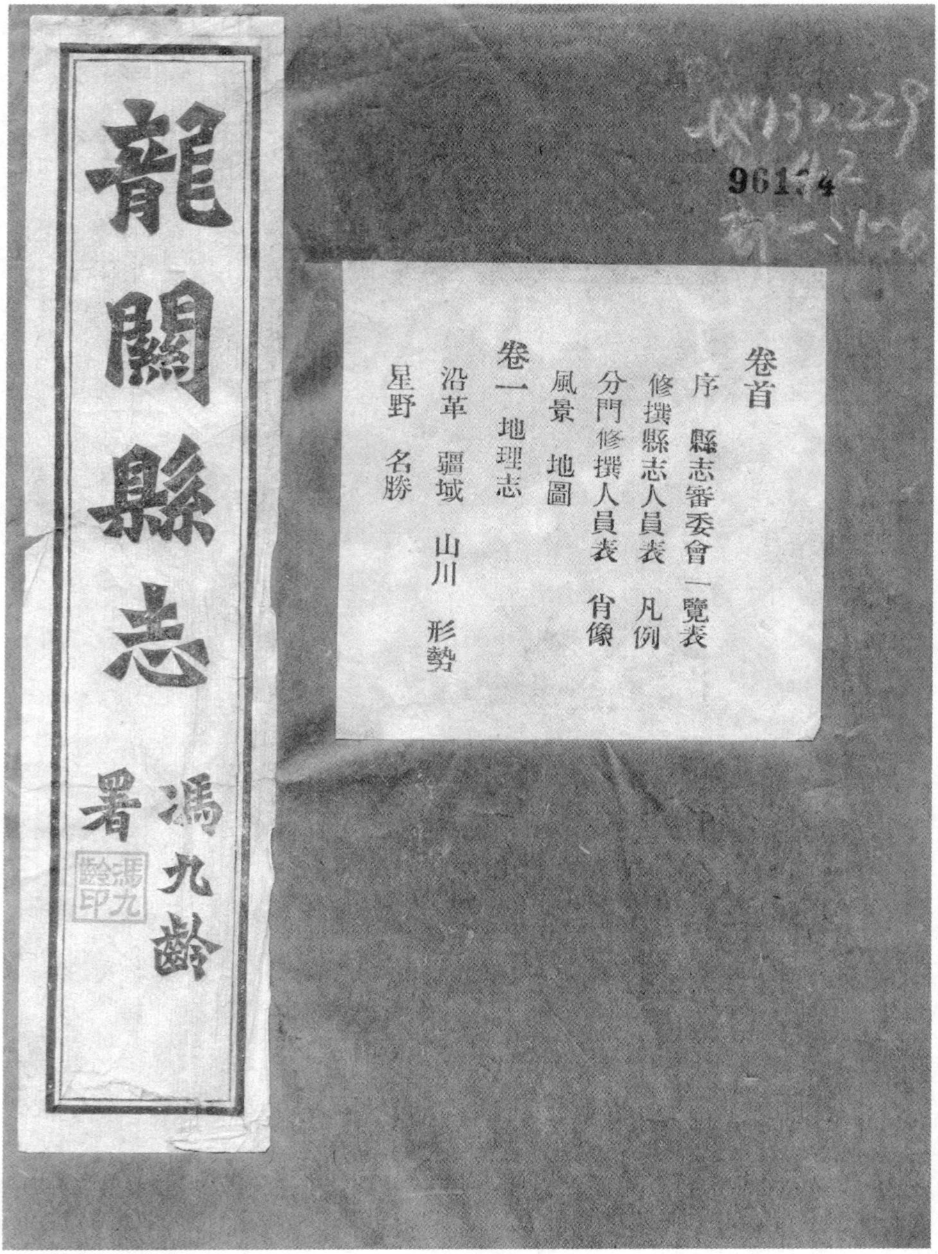
龍關縣志
馮九齡
署
馮九齡印
卷首
序 縣志審委會一覽表
修撰縣志人員表 凡例
分門修撰人員表 肖像
風景 地圖
卷一 地理志
沿革 疆域 山川 形勢
星野 名勝

龍關縣志目錄

序

龍門山後地漢書陡絕縣陡直懸絕東上七盤嶺東南上榆杆嶺西南上麻峪西上龍門關北上剪子嶺東北上浩門嶺大邊一帶延袤一百三十餘里民生其間樸儉敬鬼男務農耕稼女不織紝鮮居既多生齒遂希三時顧覔外來山西游氓力作歲晚負囊而去山高氣寒田在山上砂礫雜駁播種之候蚤則凍桽遲即霜殺兼之氷雹暴擊間作又崎嶇山徑商賈罕通二州八縣地瘠民貧於斯爲極吏玆土者滋之息之嫗之煦之猶恐弗逮改縣以來衛習未除文教甫興士初向學化導尤亟承平漸久率安衽席兵數減省巡綽亦繁厥惟艱哉方余蒞龍門適當編審人丁見鳩形鵠面鶉衣百結哀此蒼赤爲之捐除厄漏寬疏法網相與休養而安全之幸際五風十雨時和年豐普天同慶各憲安靖綏緝相戒勿爲勞擾蕞爾小邑生氣頓甦積漸改觀訟庭閴寂俾得以其暇時輯纂邑誌以備參核用是殫力搜羅而文獻缺如考定既以未詳訪求亦復不易脫稿後不敢遽信爲定本

壬辰春奉

旨行取念此區區既經前下北路糧儲廳古營王治國潼谷楊國士抄本而明經

龍關縣審查縣志委員會一覽表

	姓名	別號	現任職務	簡明資歷	審查門類	備考
審查委員長	邊度春	芝圃	縣長			審查委員長祇出席審查大會不參加分組審查會
第一組審查員	李瑞	靄亭			地理 建置 古蹟 物產	每組前一名負責召集開會
	宋惠溥	子元				
	馬文寵	煥章	新民織工廠技師			
	王萬春	永徵	鄉村師範講員			
第二組審查員	李毓崧	仰中	城關學校校長		實業 財賦	
	張子榮	子榮	商會主席			
	武廷瑞	獻祥	財政局局長			
	施進孝	效曾	建設局技術員			
第三組	武榮	純仁	教育局局長		卷首 教育 禮俗	
	董崇儒	席珍	兩級女校校長			

凡例

一舊志係縣令山陰章焞作於淸康熙五十一年爾時由衞改縣年尙未久甫離軍事時代故對於軍事記載較詳改縣而後變爲民政時代一切制度當與昔殊但越二百餘年而未續修中間典故不免荒墜幸宣化府志修於乾隆二十二年重且要者尙爲記載自是以後及咸豐以前凡無稽者皆付闕如

一時代今昔既殊志體新舊當別如昔重祠祀而今則宜删之昔無黨務公安自治禮俗實業大事記而今則增之又如沿革疆域山川形勢皆關地理則以地理名之城堡壇廟衙署機關凡關營構之物莫非建築而成則以建置名之如學校改爲教育賦役改爲財賦武略改爲兵備名宦改爲宦蹟皆因時以制宜非敢妄爲增減也

一地理邊垣較舊無改革惟舊志太簡且無全境詳圖政區之分劃鄉村之坐落閱之茫然今則增之雖不敢信無疏略然此舊明瞭多矣

一國家制度今昔不同建設名稱新舊殊異因立建置一門凡現在之有名稱有地址者悉載之

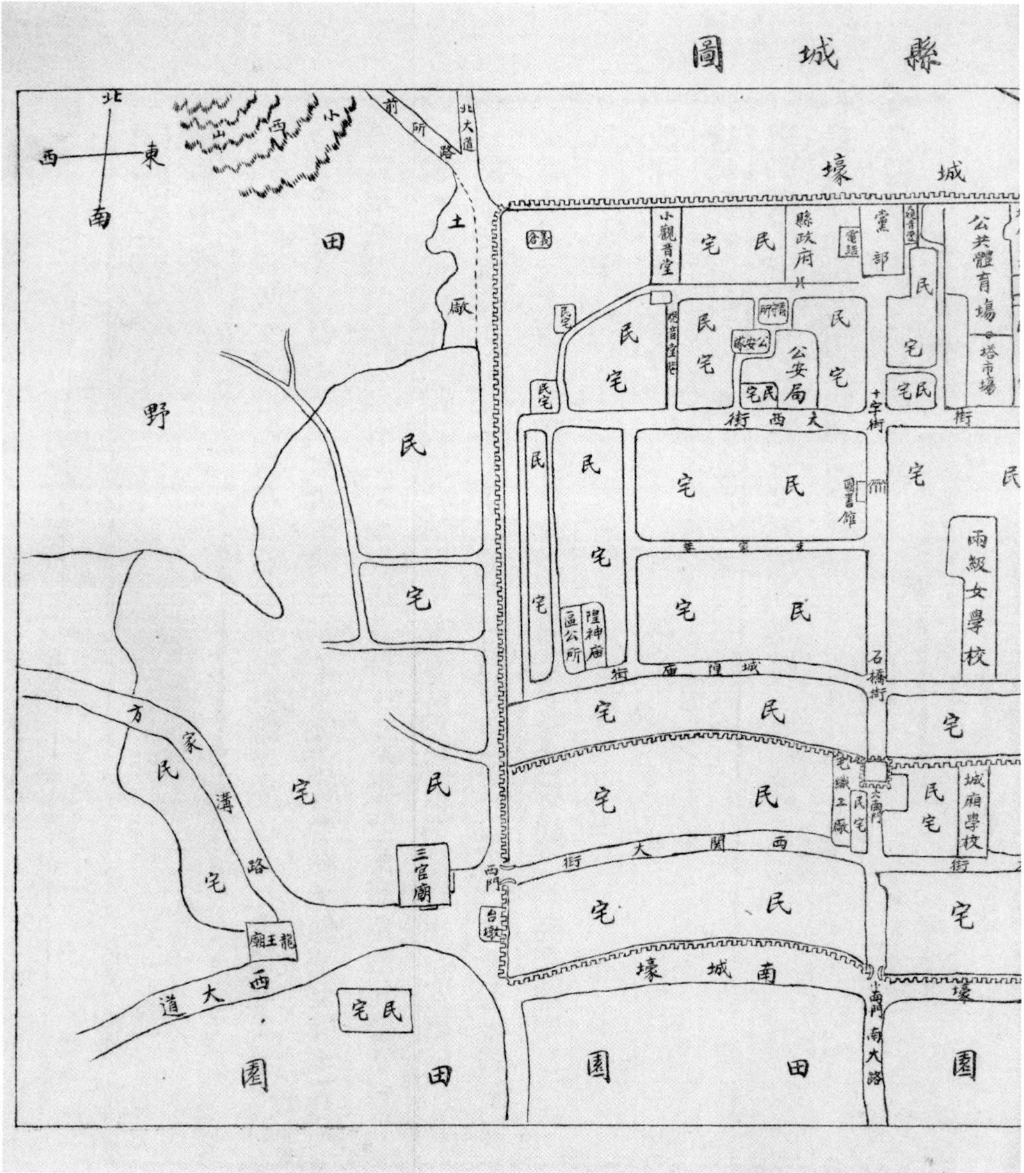
縣城圖
北
西
東
南
小西山
前所路
北大道
城壕
田
土廠
野
民宅
小觀音堂
縣政府
電話
黨部
公共體育場
塔市場
觀音堂巷
公安局
十字街
大西街
圖書館
兩級女學校
隍神廟
區公所
城隍廟街
石橋街
方家溝路
三官廟
西門
台墩
西關大街
織工廠
大南門
城廟學校
龍王廟
西大道
南城壕
小南門
南大路
田園

龍關縣新志卷一

地理志

龍關南拱故都背近疆蒙左獨石右張垣形勢甲於口北亙古爲屯兵重地近今爲牧養力穡之區溯自黃帝開疆縉雲來守以及晉初悉隸華夏降至五胡亂華石晉割賂以迄有明時淪異域時歸中土置縣置衛設路變化靡常經界難稽迨前清定鼎蒙民歸化康熙中葉改衛爲縣以鵰鶚趙川長安葛峪四堡隸焉民國成立而後龍門改爲龍關縣名雖更疆界依舊惟自十七年劃歸察省此乃一大改革居斯土暨撫斯土者均有今昔殊異之感矣志地理

沿革

龍關古縉雲氏地（見藝文）

唐堯分天下爲九州是時龍關屬冀

虞舜肇十有二州分冀州東北爲幽州是時龍關屬幽

夏禹復并爲九州是時龍關仍屬冀

商因夏之舊是時龍關屬冀

宣 化

宣化今为河北省张家口市下辖区之一，西连晋蒙，北依明长城，南跨桑干河，属于交通要地。同时，宣化地处北京西北，位于华北平原和蒙古高原的交界处、游牧文明和农耕文明的交接地带。

宣化古为幽州属地，秦时立为上谷郡，置守、尉、监；汉代分上谷郡地为涿郡；王莽篡汉，改郡名为朔调，太守曰太尹，又改各县名称；光武建武十五年（39）复为上谷郡，徙吏民以实边；西晋武帝年间，另设广宁郡与上谷郡共分其地，郡守皆加将军号；晋室南渡后，宣地几易其手，匈奴、鲜卑、羯族、氐族等少数民族先后攻占这里；北魏太和元年（477），广宁郡与上谷郡合并为东燕州，置三刺史；北齐时东燕州改为北燕州，设长宁、永丰二郡；隋王朝一统天下，北燕州隶属涿郡；贞观八年（634），北燕州更名为妫州，属河北道；清泰三年（936），后唐石敬瑭割山后诸州赂契丹；契丹时隶属西京道归化州，设军刺史；金为西京路宣德州；元时改为顺宁府宣德县。明代属宣府镇，直辖左右前三卫。清康熙三十二年（1693）撤卫，属直隶省宣化府宣化县。民国二年（1913）成立察哈尔特别区，辖宣化县。民国十七年（1928），归察哈尔省管辖。日军侵占宣化后，曾在宣化拼凑伪察南自治政府，民国二十七年（1938）十月，又将伪蒙古联合自治政府、晋北自治政府和察南自治政府并为伪察南政厅，改为伪蒙疆联合自治政府。将宣化县划入伪自治政府之察南政厅辖，民国三十二年（1943）一月，再将伪察南政厅改为伪宣化省，辖宣化县。民国三十四年（1945）九月，宣化县首次解放，建人民民主政权。属晋察冀边区民主政府的察哈尔省。民国三十年（1941）十月，国民党政府占据宣化，设县，属国民党察哈尔省。1948 年 12 月 7 日，宣化县再次解放，属察哈尔省察南专区。1952 年 11 月，政务院撤销察哈尔省建制。宣化县改属河北省张家口地区。

现存宣化志书九种，其一为明孟春、丛兰修，王崇献纂明［正德］《宣府镇志》十卷，孤本存于南京图书馆；其二为明栾尚约等修，孙世芳纂明［嘉靖］《宣府镇志》四十二卷，列二十八门，有明嘉靖四十一年（1562）刻本；其三为清姜际龙纂修［康熙］《新续宣府志》不分卷，有清康熙抄本；其四为清王者辅、王畹修，吴廷华纂乾隆八年《宣化府志》四十二卷首一卷，有清乾隆八年（1743）刻本；其五为按王者辅原本，张志奇续修，黄可润续纂乾隆二十二（1757）年《宣化府志》四十二卷首一卷，有清乾隆二十二年刻本；其六为清陈坦纂修［康熙］《宣化县志》三十卷，有清康熙五十年（1711）刻本；其七为近人陈继增等修，郭维城纂［民国］《宣化县新志》十八卷首一卷，有民国十一年（1922）铅印本；其八为清谢凯编［光绪］《宣化县乡土志》，有光绪三十三年（1907）抄本；其九为近人谢恩承等纂［民国］《宣化乡土志》，有民国石印本。本书由于资料所限，仅收录了其中五种。

【嘉靖】宣府镇志四十二卷

孙世芳修，明栾尚约纂。明嘉靖四十一年（1562）刻本。三函二十四册。半页九行二十字，小字双行同，白口，四周单边，双鱼尾。框高20.8厘米，宽14.6厘米。前有明嘉靖四十年（1561）孙世芳序，凡例，目录，图。卷端题：“翰林院国史修撰上谷孙世芳修，巡按直隶监察御史胶东栾尚约辑，巡按直隶监察御史蓟门王汝正校。”

孙世芳，字克承，宣府镇宣武卫人。嘉靖二十六年（1547）进士。曾任翰林院检讨、国子监司业。

栾尚约，字孔源，山东胶州人。嘉靖二十九年（1550）进士。历任溧水知县、江西道御史。嘉靖三十七年至三十八年（1558—1559）任巡按宣大御史。著有《岱沧集》。

宣府镇为明代九边重镇之一。洪武二十六年（1393）改顺宁府置宣府左、右、前三卫。永乐七年（1409）置宣府镇总兵，统辖延庆、保安二州及万全都司所属卫所，辖地相当于今河北省西北部长城内外一带。清康熙三十二年（1693）改设宣化府，辖延庆、保安、蔚三州与宣化、赤城、万全、龙门、怀来、蔚县、西宁、怀安等八县。1913年废。

书前有《宣镇疆域之图》《宣镇山水之图》《宣府镇城之图》。正文四十二卷，分考、表、传三体，卷目依次为：制置考、诏命考、巡省考、封建考、象纬考、灾祥考、疆域考、山川考、形势考、亭障考、城堡考、宫宇考、户口考、贡赋考、官俸考、军储考、祠祀考、学校考、法令考、风俗考、兵籍考、兵政考、兵器考、兵骑考、经略考、征战考、职官表一（经理文臣）、职官表二（镇戍武臣）、职官表三（守土武臣、守土文臣）、职官表四（列戍武臣）、职官表五（理饷文臣、典教文臣）、选举表一（制科、武科）、选举表二（岁贡、例贡）、名宦传、乡贤传上、乡贤传下、忠义传、孝友传、文学传、贞烈传、异术传、凶德传。全书以明王制、察天时、别地宜、阜物利、揆文教、奋武卫、定人伦七方面内容为序编排，井然有序。

凡例末条谓："志所纪事多自二十一史中考用，若二十一史外则汉唐以来诸简册、国朝诸制书、历代儒贤诸文集，以及稗官所述、残碑所遗，亦皆取可传信者补阙漏焉，如或考索未明，则宁略不备，非敢臆度悬断，失本真也。盖深致其慎，以俟来哲云。"

孙世芳序："宪孝之朝，御史中丞昆山叶公盛、故城马公中锡抚监于兹，丕烈订猷，亦既殿我邦土，复以其暇一方文献，汇萃成编，以备省戒。然就中而论，则方舆仅述，法度未详，甲赋仅存，经画未及，所谓大政教号令且遗逸失裒，又将何所取藉，备省戒世世邪？世芳蚤岁尝读二公前所为编，时已有概于衷，奋欲缀缉，顾艰忧灼心，孤陋梏量，不敢以斯文自诡。刀官史局，而后进为役牵，退为病累，无复有旧念也。庚申之岁，时食于家，御史栾君尚约过而谋及，则蚤岁所概于衷者又因而勃然兴矣。于是忘其颛蒙，殚其知识，搜罗惟博，检索惟勤。先之往代史书、当朝制册，次之名臣伟议、先儒绪言，又次之幽人所愤谈、译人所袭讲。关世道者笔之，不病于烦；悖时宜者芟之，不病于简。然后发以义例，标以要纲，著以条章，断以意见，而志成焉。志凡为考二十有六，为表有七，为传有九，为卷四十有二。"

此志纪事至嘉靖四十一年，刻成当在该年，《中国地方志联合目录》《中国地方志总目提要》均著录为嘉靖四十年刻本，不确。此本有增补多处：卷二十七第五十叶系补版；卷二十六"征战志"后增刻一叶，记隆庆四年（1570）总兵赵苛率兵抵御俺答汗事；卷二十七职官表"巡抚宪臣"一栏之末补隆庆二年王遴一人，卷二十八职官表"镇守总兵"一栏补刻赵苛一人；

卷二十九守土武臣表后增刻一叶；职官表个人仕履多有补刻。增补部分纪事至隆庆四年。考［乾隆］《宣化府志》，赵苛离任不晚于万历元年（1573），可知增补时间当在隆庆四年至万历元年之间。卷中“皇明”剜去“皇”字，明代诸帝庙号均剜去“皇”字，“嘉靖”前“今上皇帝”四字剜除，“北虏”剜去“虏”字，间亦有剜改未尽者，但“玄”“弘”“历”等字均不避讳，可知剜修重印时间当在清初。

《中国古籍总目》史部方志类著录。台北“故宫博物院”、台北“中央图书馆”藏有此志嘉靖四十一年刻本全帙，辽宁省图书馆藏有残帙。中国科学院南京地理与湖泊研究所图书馆、日本东洋文库藏有此志万历二年（1574）增刻本。

方岳播諸徼外夷裔者亦既收録則不惟二中丞昔所未逮得以續成而天下史頼之參稽者或於此乎不棄矣後之君子儻能訂正謬戾採摭精微炳其義於日星嚴其詞於衮鉞庶幾備省戒世世而世芳綴緝初志所托以傳及者益又遠也書完

御史王君汝正董君學相繼以監治來遂屬兵憲

楊大夫巍刻之蓋亦取世芳之說爲不誣云

嘉靖辛酉十月既望上谷孫世芳序

宣府鎮志目錄

考凡二十有六

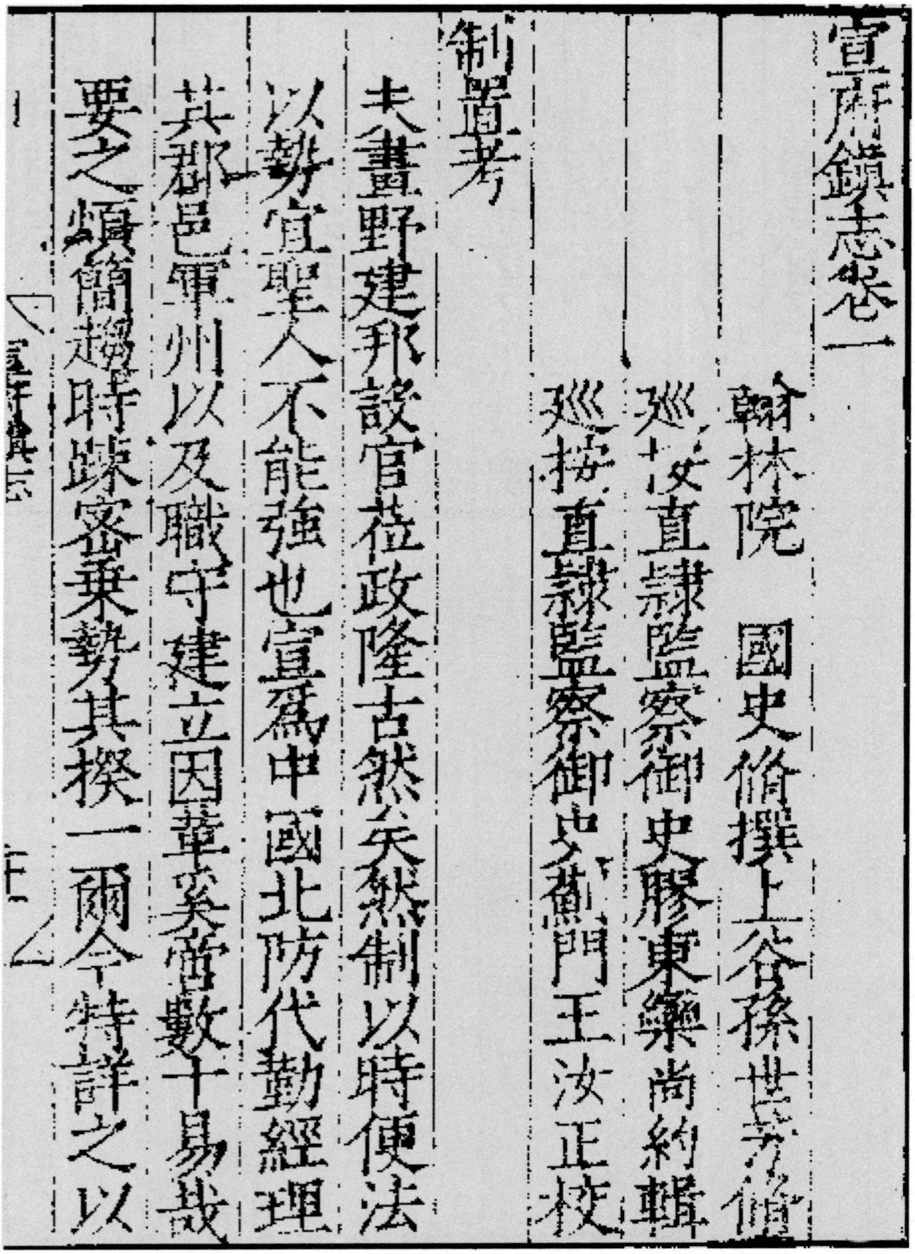

宣府鎮志卷一

翰林院　國史脩撰上谷孫世芳修

巡按直隸監察御史膠東欒尚約輯

巡按直隸監察御史薊門王汝正校

制置考

夫畫野建邦設官莅政隆古然矣然制以時便法以勢宜聖人不能強也宣爲中國北防代勤經理其郡邑軍州以及職守建立因革奚啻數十易哉要之頻簡數時踈密秉勢其揆一爾今特詳之以

宣府鎮志　三

【乾隆】宣化府志四十二卷首一卷

清王者辅、王畹修，清吴廷华纂。清乾隆二十二年（1757）刻本。

王者辅，安徽天长北乡人，雍正年间由举荐入仕，乾隆三年（1738）升为宣化府知府。王畹，句曲（今江苏句容）人，宣化府知府。吴廷华，字仲林，号东壁，钱塘（今杭州）人，康熙举人。官兴化府通判。乾隆初年，郡守王者辅设局修志，稿未竣，王者辅“去任未果”。王畹继任，“乃裒集编辑，聘大雅校订，为之数年而志后成。”《宣化府志》乾隆八年（1743）刻本。

宣化历代为军备重镇，明王朝建立后其战略价值愈发突出。为边境安宁，明政府开始在北方建立稳固的边防，“宣化府在其征战漠北、完成‘三都之战’中起了重要的作用”。

《宣化府志》成稿以后，“刷布未几”，偶遇大火，“志版毁过半”，后经宣化知府张志奇与口备道道员亲力修复，经数年之功，最终刊刻印行，流传下来。

首有王芥园、王畹、方观承各一篇序，并有凡例二十八条。凡例后为三十七幅宣府地形图。正文主要有纪恩志、天章志、巡幸志、地理志、星土志、形势疆域志、山川志（分上下两篇）、古迹志、城堡志、公署志、乡都户口志、田赋志、学校志、典祀志、塞垣志、兵志（分上下两篇）、驿站志、封建职官志（一至五）、宦绩志（分上下两篇）、选举志（分上下两篇）、人物志（分上中下三篇）、烈女志（分上下两篇）、风俗物产志、世纪志（分上下两篇）、艺文志（一至六）、杂志、订误、后序，共四十二卷。

如果说［嘉靖］《宣府镇志》是完整存世最早的志书，那么成书于乾隆年间的《宣化府志》则为宣地古代志书的收尾之作，与镇志首尾相呼应。相对于镇志，府志编修的人员众多、时间跨度长，且时断时续，过程颇为波折，但这并未影响府志的成书价值。相对于别出心裁的镇志，《宣化府志》在类目设置上更加契合传统的志书。

《中国古籍总目》史部方志类著录。中国国家图书馆、中国科学院图书馆、中国社会科学院考古研究所图书馆、故宫博物院图书馆、中国第一历史档案馆、中国历史博物馆、国家文物局文物保护科学技术研究所资料组等三十余家机构藏有此书。

序

宣志創于前明弘治

撫軍馬公中錫嘉靖

庚申翰林孫公世芳

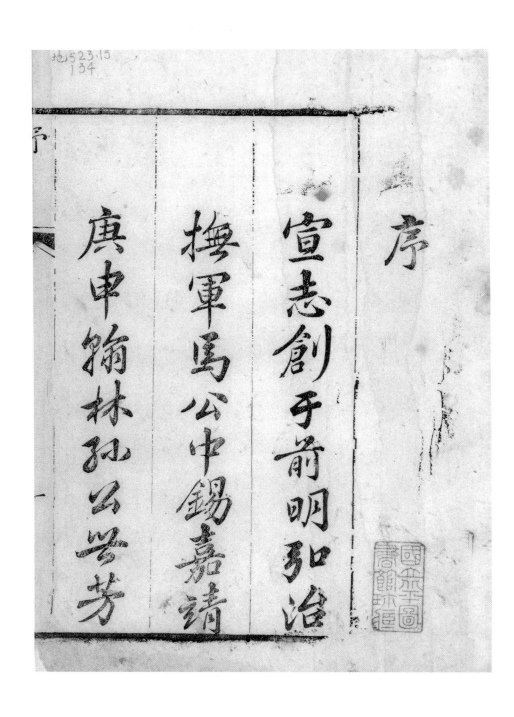

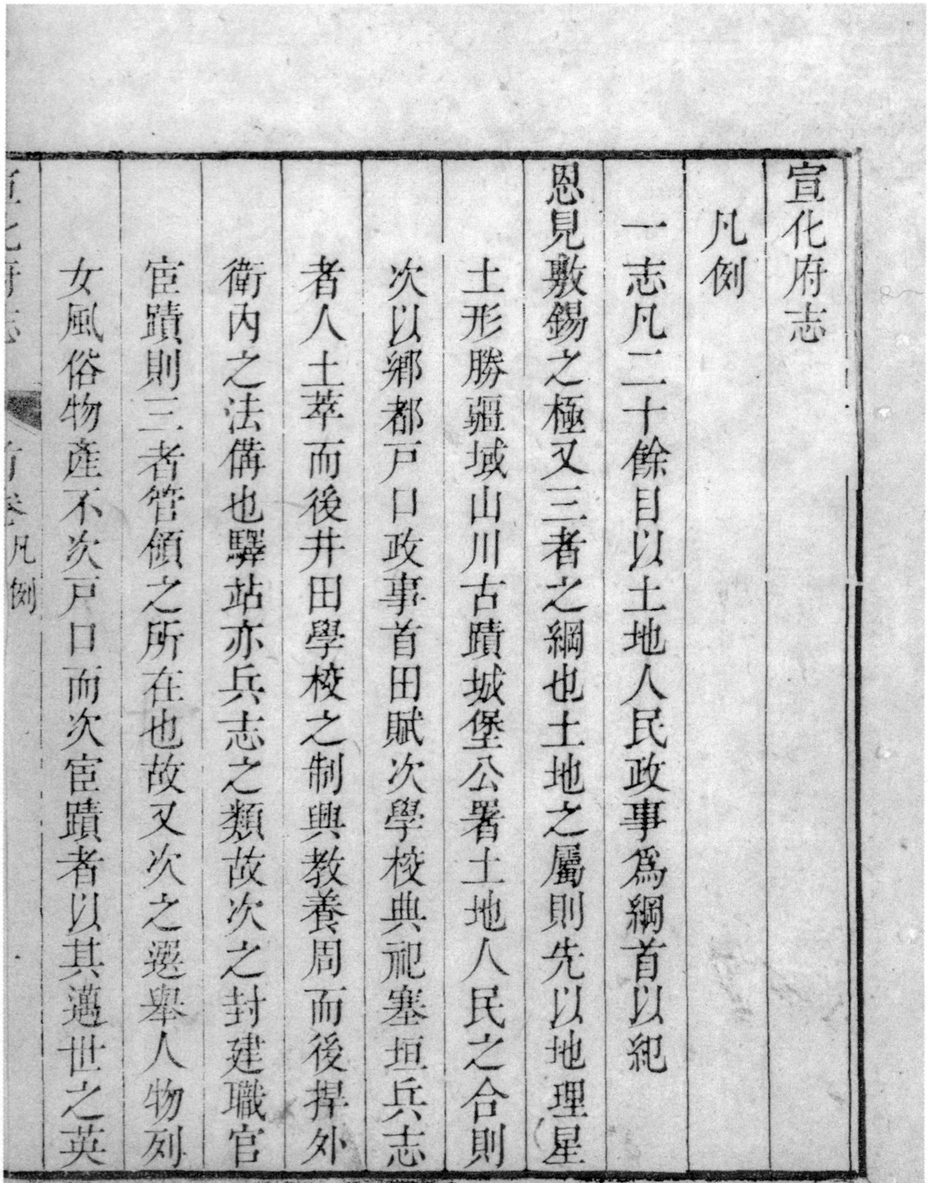

宣化府志

凡例

一志凡二十餘目以土地人民政事爲綱首以紀
恩見敷錫之極又三者之綱也土地之屬則先以地理星
土形勝疆域山川古蹟城堡公署土地人民之合則
次以鄉都戶口政事首田賦次學校典祀塞垣兵志
者人土萃而後井田學校之制與教養周而後捍外
衛內之法備也驛站亦兵志之類故次之封建職官
宦蹟則三者管領之所在也故又次之選舉人物列
女風俗物產不次戶口而次宦蹟者以其邁世之英

宣化府志　首卷　凡例

宣化府志

姓氏

鑒定

直隸總督兵部右侍郎兼都察院右副都御史 高斌

經筵講官吏部尚書署理直隸總督 史貽直

太常寺正卿提督直隸學政 林令旭

直隸等處承宣布政使司布政使陞任福建廵撫 劉于義

直隸等處承宣布政使司布政使 沈起元

直隸等處提刑按察使司按察使 多綸 翁藻

分守口北道按察使司僉事 金志章

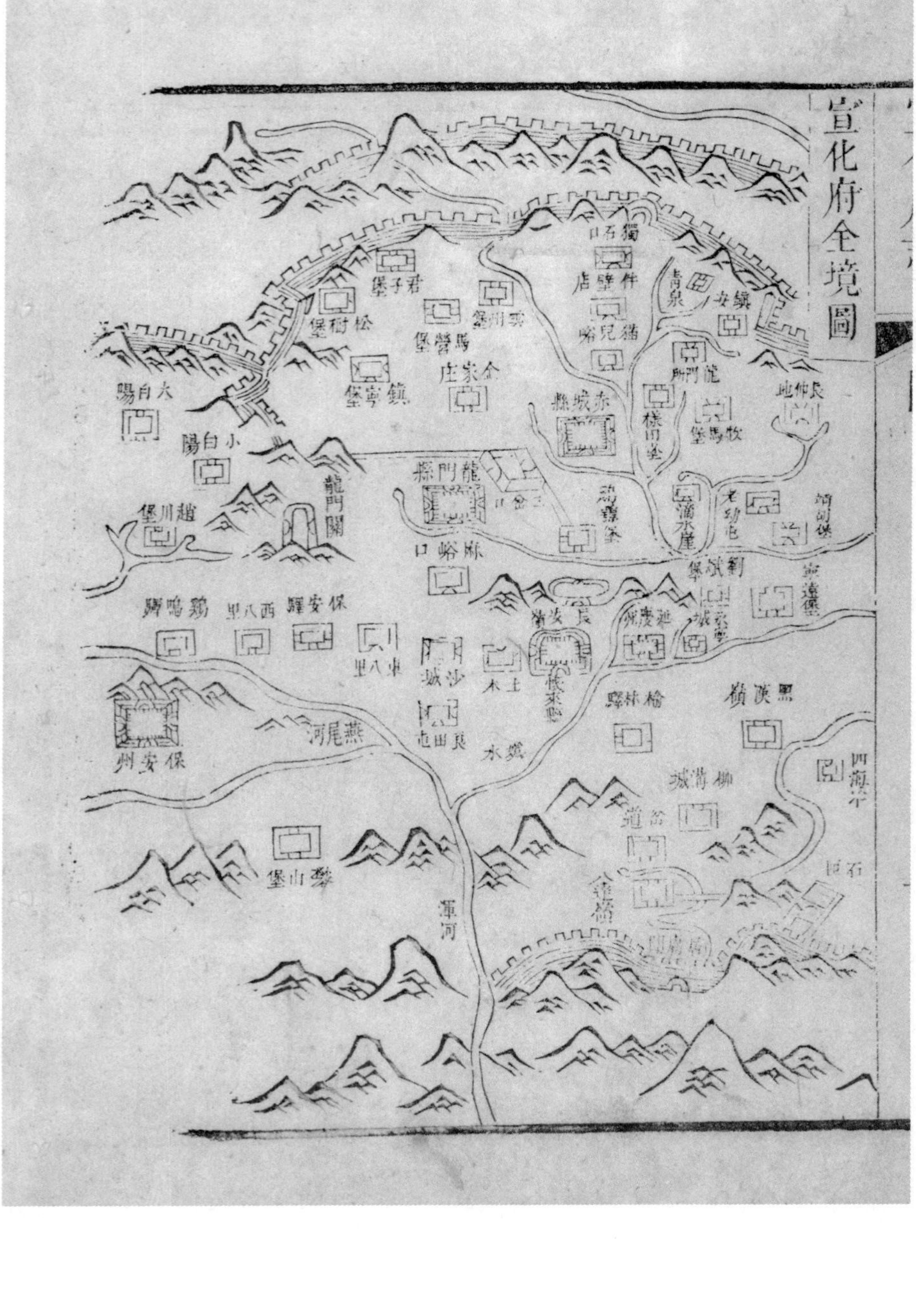
宣化府全境圖
龍門關
龍門縣
赤城縣
麻峪口
保安州
燕尾河
渾河
黑漢嶺

宣化府志

目錄

【康熙】宣化县志三十卷

清陈坦纂修。清康熙五十年（1711）刻本。六册一函，半页九行二十一字，小字双行同，白口，四周双边，单鱼尾，板框高22.2厘米，宽14.1厘米。前有清康熙五十年时任提督直隶学政周起渭所作序及纂者陈坦于康熙四十八年（1709）所作序。序后有图、目录、凡例。卷端题："宣化县知县楚黄陈坦修。"

陈坦，字文度，黄陂人，举人出身，官宣化县知县。

陈坦在自序中提到该志纂修经过，其于清康熙四十四年（1705）出任宣化县知县后获知该地志书只有明嘉靖朝时孙世芳纂修的《宣府镇志》，自设县以来并无县志，于是"丙戌春，余同里友人林子来，予近以简，又敦请邑缙绅先生老儒名宿开馆纂辑，旁搜广索，阅三载以成编"（[康熙]《宣化县志》陈坦序）。此处所提及之林子为林盛，清代文人，字大林，号海岳，原籍湖北黄陂，清代文人，[康熙]《西宁县志》也由其撰稿，并参与校阅[康熙]《龙门县志》。凡例提及："宣自叶与中、马天禄、孙克承诸先生肇修镇志外，近惟胡东瓯留心文献，著有续志，其成卷帙者郡人闫中丞持去欲登梨枣未就而失，今求得遗稿，只吉光片羽耳。"叶与中，名盛，与中为其字，明成化年间曾任宣化巡抚。马天禄，名中锡，天禄为其字，明成化年间进士。孙克承，名世芳，克承为其字，明嘉靖二十六年（1547）进士。胡东瓯，名以温，字德容，东瓯为其别号，清顺治三年（1646）进士。由此记载可知[康熙]《宣化县志》成书前叶盛、马中锡、孙世芳、胡以温等人曾纂修过志书，而陈坦只搜集到胡志的部分，再加之该县时存的明嘉靖朝孙世芳《宣府镇志》，陈坦以此二志为参考，完成康熙《宣化县志》。该志是清代第一部宣化方志，也是宣化设县以来的第一部县志，它承接前代志书，记录了明清两朝更迭时宣化地区社会历史发展的情况。

该志书前有《宣化府县城图》《宣化县治界图》《宣化县治东村堡图》《宣化县治南村堡图》《宣化县志西村堡图》《宣化县志北村堡图》。正文三十卷，卷目依次为：卷一建革志（附街里建革），卷二疆域志、山川志（附形势、封爵、坟墓），卷三诏命上，卷四诏命下，卷五巡幸志、象纬志、灾祥志，卷六恩恤志（附抚赏、运赈、孤贫），卷七城堡志（附桥梁、堤堰），卷八营建志（附古迹），卷九赋役志（附诸税），卷十俸廪志（附岁给公料），卷十一储备志（附社仓条约、朱子社仓记），卷十二学校志（附社学、卧碑文、训饬士子文），卷十三祠祀志，卷十四物产志，卷十五风俗志（附续习土音），卷十六法令志，卷十七武略志，卷十八秩官志上，卷十九秩官志下，卷二十选举志上，卷二十一选举志下，卷二十二名宦志，卷二十三乡贤志，卷二十四至卷二十五人物志，卷二十六至卷三十艺文志。全志约二十万字，记事止于清康熙四十七年（1708）。

该志体例首次列出县治疆界和县辖村堡，为后人考证村庄历史留下了资料。卷三至四“诏命志”汇辑了自明以来“凡切于宣境，堪垂简策”之敕论玺书，是研究明清政府关于宣地政策的重要史料。国家卷九“赋役志”详细记载了明清税种、税银和征收标准的不同，反映了清代在赋役制度方面的重大变革。卷二十六至三十五篇幅为艺文志，搜集了大量的文献典籍，涉及古建筑题记、府县奏章、诗文辞赋，使一些地方文献得以保存。卷十五风俗志后附有土音字义，是研究宣化地区方言的重要材料。陈坦还在每志之后附以其论断，“力为发明，以存管见”，但全志并未增加太多新材料，存在“文繁事简”的缺陷。

《中国古籍总目》史部方志类著录。中国国家图书馆、首都图书馆、故宫博物院图书馆、北京大学图书馆、保定市图书馆、张家口市图书馆等三十余家收藏机构收藏有此志，中国第一历史档案馆、内蒙古师范大学图书馆等多家收藏机构藏有该志清乾隆年间增刻本。

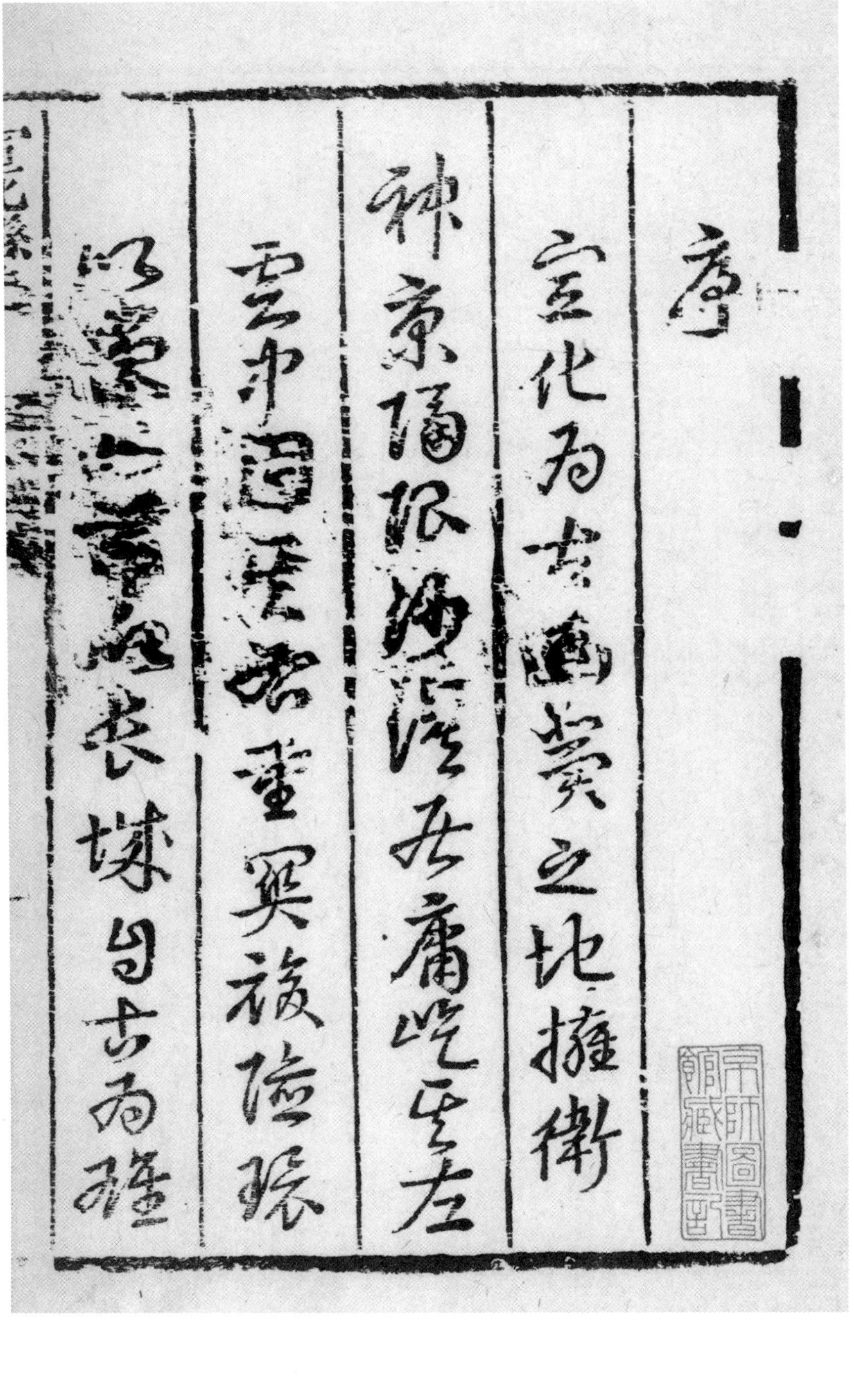

序

宣化為古幽冀之地擁衛

神京[illegible][illegible]沙漠為廣[illegible][illegible]左

雲中[illegible][illegible]若重[illegible][illegible][illegible][illegible]

以[illegible]上[illegible]為長城因古為[illegible]

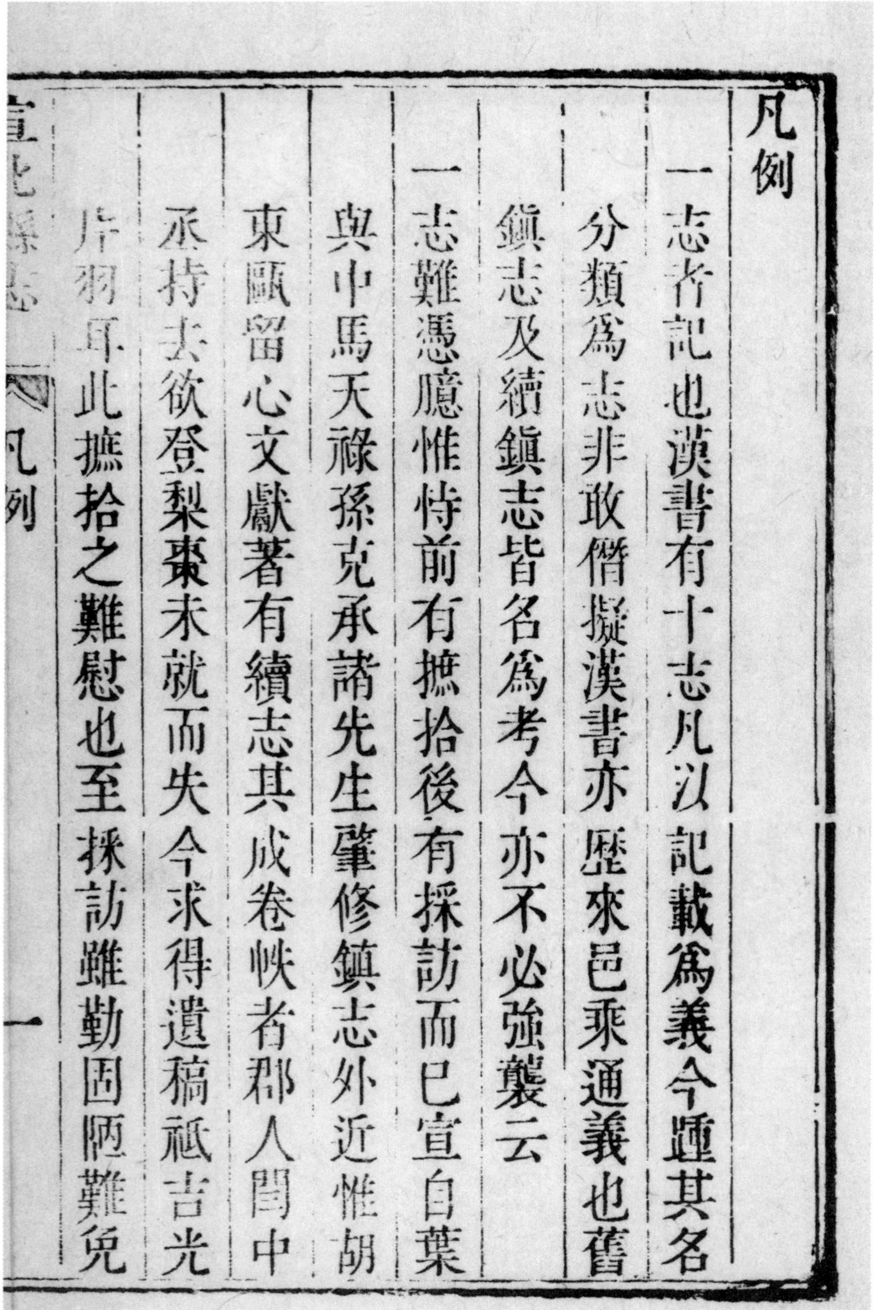

凡例

一志者記也漢書有十志凡以記載爲義今踵其名分類爲志非敢僭擬漢書亦歷來邑乘通義也舊鎮志及續鎮志皆名爲考今亦不必強襲云

一志雖憑臆惟恃前有摭拾後有採訪而已宣自葉與中馬天祿孫克承諸先生肇修鎮志外近惟胡東甌留心文獻著有續志其成卷帙者郡人閆中丞持去欲登梨棗未就而失今求得遺稿祇吉光片羽耳此摭拾之難慰也至採訪雖勤固陋難免

宣化縣志　凡例　一

目錄

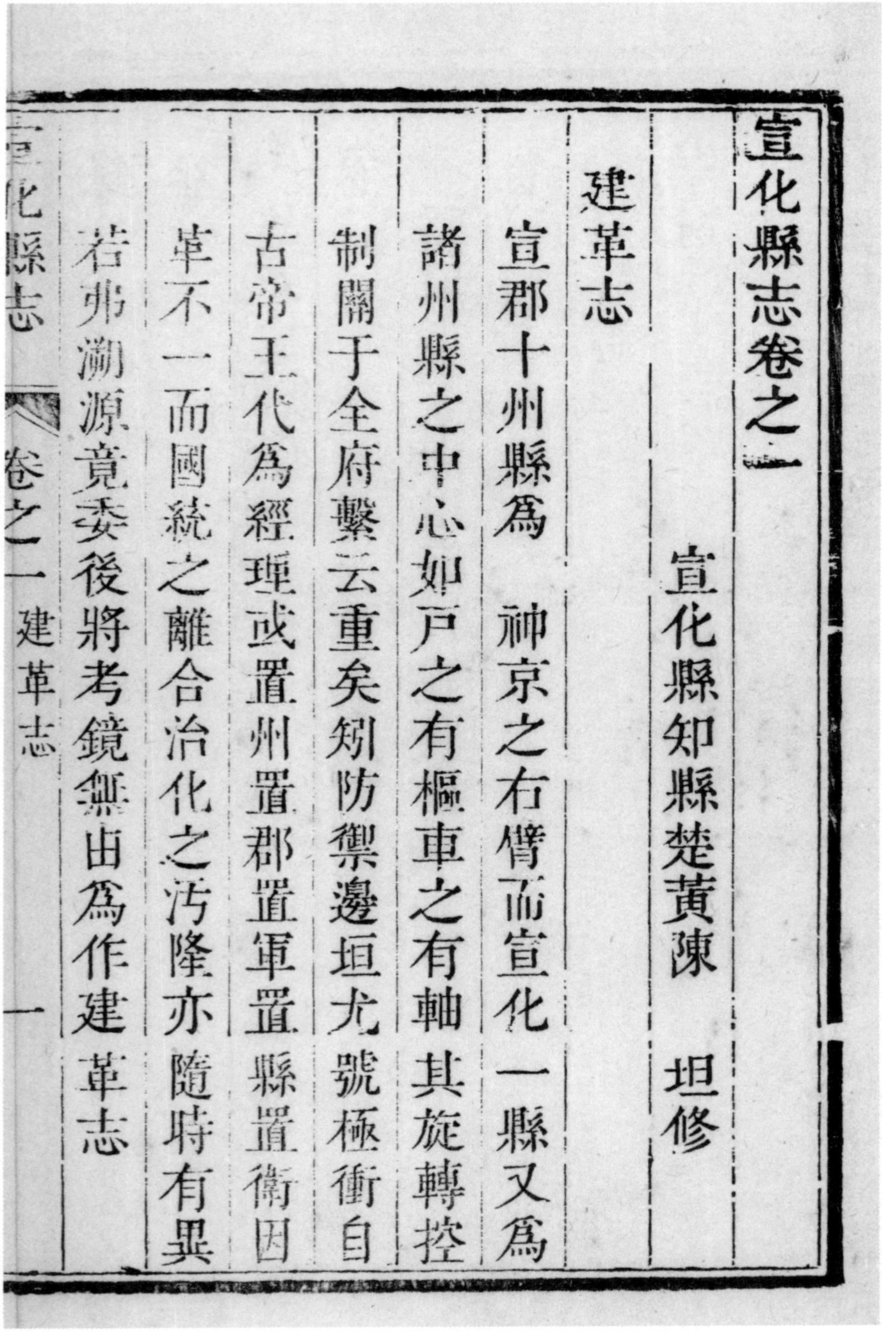

宣化縣志卷之一

宣化縣知縣楚黃陳　坦修

建革志

宣郡十州縣爲　神京之右臂而宣化一縣又爲諸州縣之中心如戶之有樞車之有軸其旋轉控制關于全府繫云重矣剏防禦邊垣尤號極衝自古帝王代爲經理或置州置郡置軍置縣置衛因革不一而國統之離合治化之汚隆亦隨時有異若弗溯源竟委後將考鏡無由爲作建革志

宣化縣志　卷之一　建革志　一

【民国】宣化县新志

郭维城，字效宇。清末举人，地方名流，曾赴日本考察。任宣化柳川书院院长、府城教育会长等职。民国十一年（1922），此时“宣志失修已二百年之久，其中人物不知湮没几多矣”，郭维城甚为痛惜，决心继承前人修志的精神，填补宣化地区历史记载的空白。于是在同乡冯延铸、钱福森、县长陈继会等人的帮助下，以明清宣化方志为蓝本，并“极力搜罗，目见耳闻，多人采访”，最终于次年得以完成这部［民国］《宣化县新志》。

宣化境内多山，土地贫瘠。“农民土地不丰，以故大地主甚鲜”。有石匠、银匠、铁匠、木匠等手工作场。经商者多外籍人，“尤以山西及蔚县人为多，本地商人势力甚微”。宣统二年（1910）即成立商会。仅城关即有商号651户，商人合计约10200余人。“四乡因无确切统计故略而不录”。可见商业很发达。

书前有《修撰县志人员表》，正文十八卷，只以志一体贯穿文本始末，其志分：地理志、建置志、古迹志、物产志、实业志、财赋志、学制志、礼俗志、兵备志、警察志、宦绩志、职官志、人物志、选举志、艺文志、大事之记等。

张谨序：“考宣自改卫为县，始有令陈坦所修县志，陈之前有尹氏、孙氏、胡氏三志。时宣尚为镇，所志多武功。陈志修于清康熙五十年，后依据三志规模略具记载犹简，自是厥后距今二百年。此二百年中之变迁之改革之衍进去古已远，文化渐开，征文考献，正后人所有事。郭君号宿学负乡望，斯役之难独胜任而愉快。……体例之谨严，文词之典要，人伟厥功，允称完备。予尤重其学制一门，盖教育为根本之图，学制良窳，地方文野所关系重而兴替。因之既尊旧闻宜、研新制、是在读、是书者，知所因更知所革，以振精神而树模范光荣志。乘所望，在兹即撰诸作者郭君之心，当必以是为抱负所存固，不徒以史才见美也。”

郭君在重修县志之原委中写道，宣化自改卫为县，始有县志是康熙五十一年县令楚黄陈坦所作。前有蔚人尹耕的《两镇三关志》，本地人孙世芳《宣府镇志》，进士胡以温续等。前人之述大多详细记载“其边防之要害，战守之得失”，但是鲜少关于民政范卫等的记载。

石朋甫评价认为，该志“体例严谨，采录详瞻，上自唐虞，下迄今世，事无巨细。凡所记载，裨益学术民治为归，而舆图之精绘，警务、实业诸新政之旁征偏引、罗列无遗，以视旧志美备实多”，是宣化旧志中具有很高价值的作品，对研究清末及民国初年宣化地区历史发展的情况有重要意义。

《中国古籍总目》史部方志类著录。中国国家图书馆、中国科学院图书馆、中国社会科学院考古研究所图书馆、故宫博物院图书馆、中国第一历史档案馆、中国历史博物馆、中共中央党校图书馆等二十余家收藏机构藏有此书。

宣化縣新志

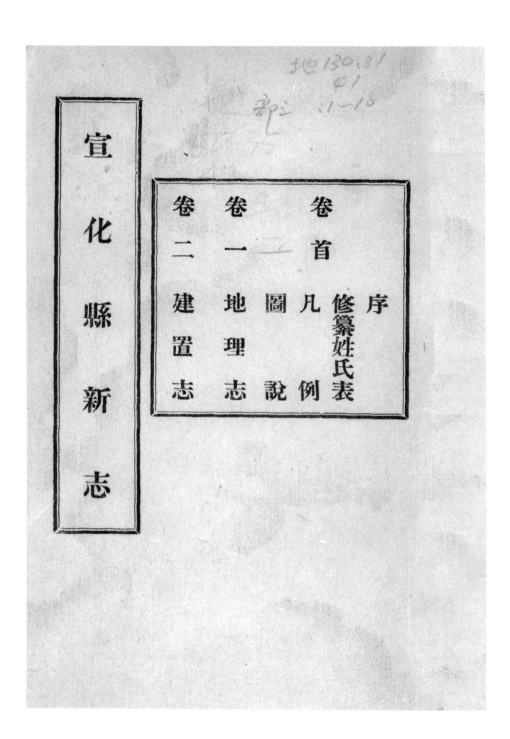

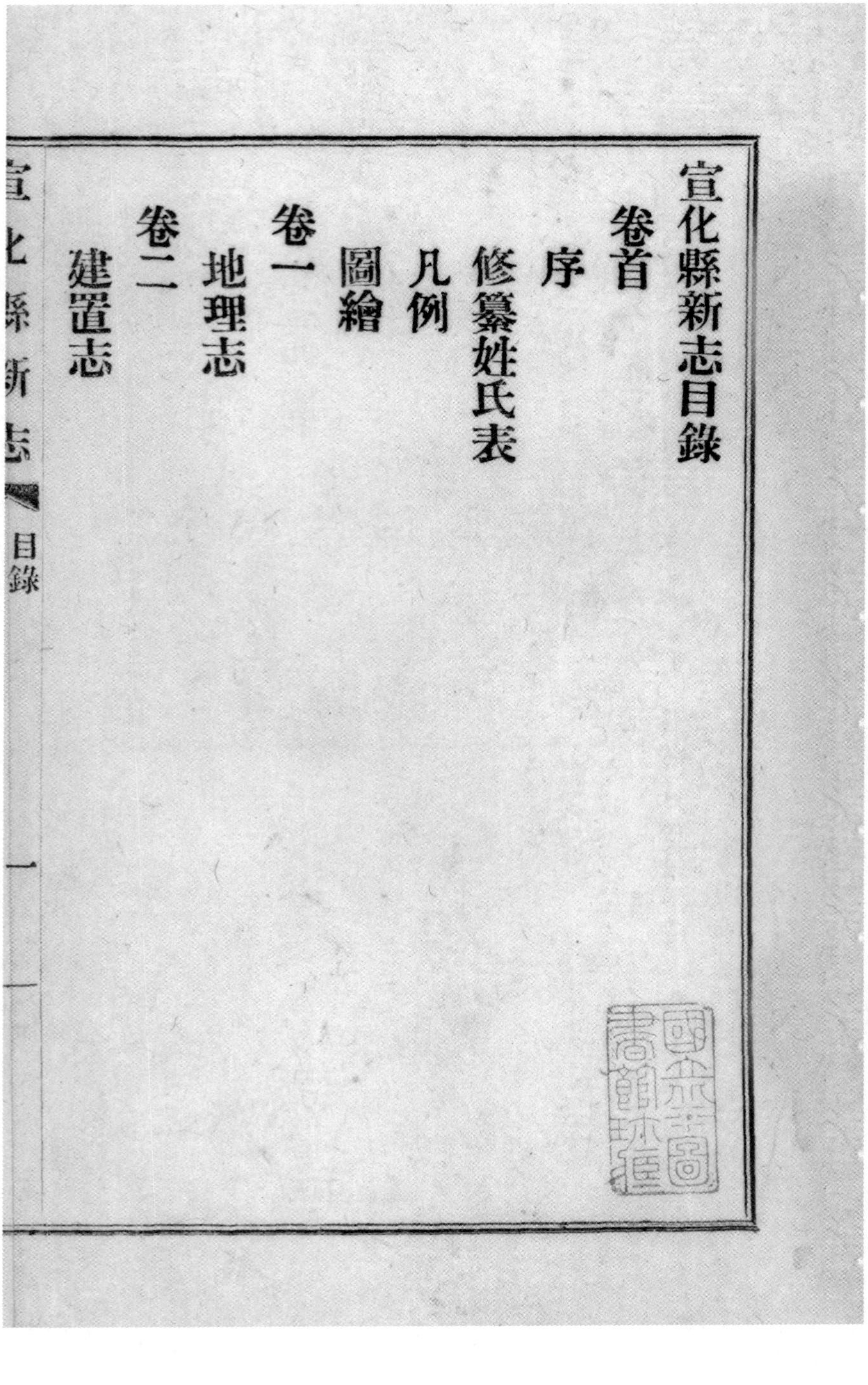

宣化縣新志目錄

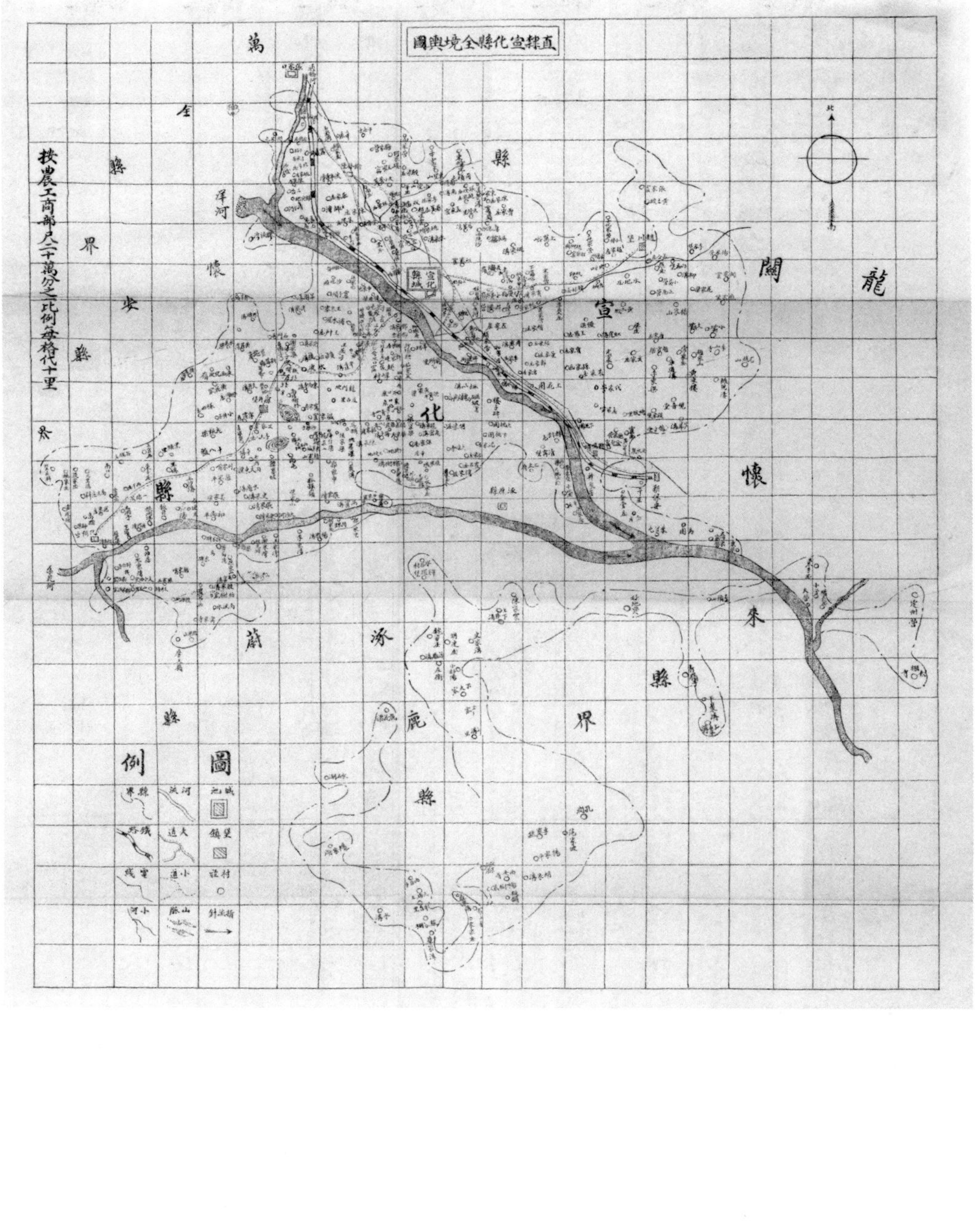

直隸宣化縣全境輿圖
按農工商部尺二十萬分之一比例每格代十里
宣化縣
萬全縣界
懷安縣界
龍關縣
懷來縣界
涿鹿縣界
蔚縣
圖例

序

宣化郭君維城既修宣化縣志事竣而問序於予予於是邦有采風問俗之責顧未嘗涉足先取是書讀之亦堪以藉窺梗概考宣自改衛爲縣始有令陳坦所修縣志陳之前有尹氏孫氏胡氏三志時宣尙爲鎮所志多武功陳志修於清康熙五十年後依據三志規模略具紀載猶簡自是厥後距今二百年此二百年中之變遷之改革之衍進去古已遠文化漸開徵文考獻正後人所有事郭君號宿學負鄉望斯役之難獨勝任而愉快予觀其志地理志建置志古蹟志物産志實業志財賦志學制志禮俗志兵備志宦績志藝文更括以大事之記編次之審慎

凡例

一自前清康熙三十二年改衞爲縣縣志之作成於康熙五十一年由軍事區域易爲民政範圍故記軍事甚詳而民事甚簡迄於今又越二百餘年矣搜羅故籍既散佚無存採訪遺蹤亦擢殘殆盡事關乾隆以後同治以前者多有疏漏處閱者諒之

一國體既更重在民治故別其名曰新志有舊志有而新志無者如詔命法令祠祀是也有新志有而舊志無者如禮俗實業警察是也有新志須與舊志變通者如學校改爲學制武略改爲兵備名宧改爲宧績鄉賢統歸人物是也因時制宜

宣化縣新志卷一

地理志

宣化地處關外逼近蒙疆現今爲力穡之奧區伊古實屯兵之要鎮考其經界割裂難稽時或拱衛中原時或淪陷異域明代疆臣猿鶴屢化前淸定鼎滿蒙一家民生其間咸蒙樂利焉自康熙末年由三衛駐紮地劃爲知事管轄地名稱旣異沿革不同而疆域之廣狹山川之形勢亦由此而有今昔輕重之殊參古證今實事求是或有裨於萬一乎志地理

沿革

【民国】宣化县乡土志

谢恩承等纂。民国十二年（1923）直隶第五师范附属小学石印本。共四册。半页十行二十一字，白口，四周双边。该志前有例言、材料的分类、目次。

谢恩承，生平事迹不详。此志为其出任直隶第五师范附属小学主任时与教员李思恭、王裕等七人共纂。

该志是一部以语体文编写的供小学三、四年级使用的教材。正文为四册，每册18课，合计72课。内容涉及社会、地理、历史、理科（动植物及矿物等重要物产）四个方面，但编排杂乱而不成系统，各类内容相互穿插，使用不便，如第一册各课分别为：第一课第五师范附属小学校，第二课第五师范附属小学校（附图），第三课县知事署，第四课风俗，第五课地势，第六课黄钺、黄铉，第七课黑寨山，第八课江瀚、王国，第九课菠菜，第十课柳川书院、寺院，第十一课鸽，第十二课介春园，第十三至十六课商会，第十七课花园、昭太后墓，第十八课洋河。由于该志编撰初衷是作为小学教材，故针对儿童实际情况，总体编撰规模较小，每课不过百字，内容单薄浅显。同时还存在撰写粗糙等缺陷。

该志具有鲜明的时代特色，如在通讯方面，对电报局、邮局有简要介绍，在行政管理方面，对当地警察局等行政机构也有涉及，在交通方面，介绍了京绥铁路，并附有火车时刻表，在一定程度上反映了民国时期宣化县的社会状况。

《中国古籍总目》史部方志类著录。中国国家图书馆藏有该志。

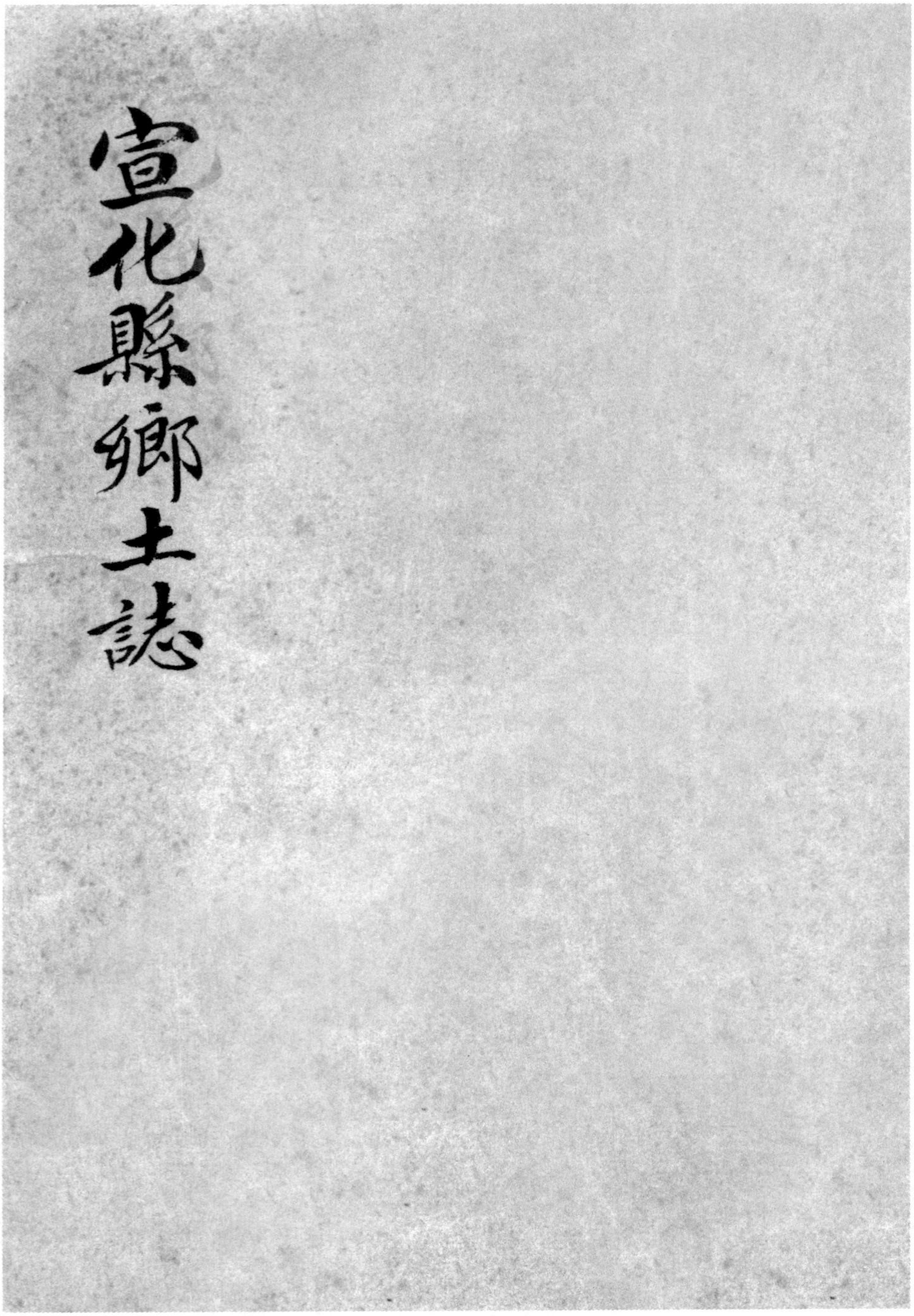
宣化縣鄉土誌

第一冊

宣化縣鄉土誌

直隸第五師範附屬小學校印

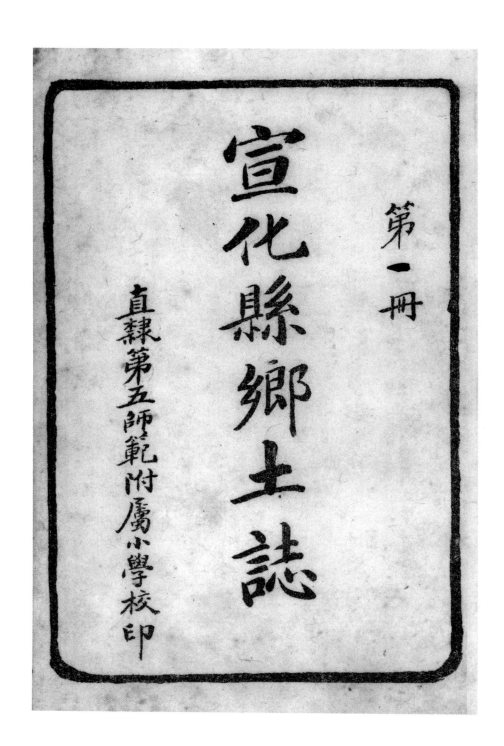

例言

一編輯的緣起　好高騖遠，不求實用，是我們辦教育的一種大毛病。兒童對於自己的環境，還不十分明瞭，驀地灌輸些高遠的事物——什麽歐風美雨，什麽五帝三皇。——把兒童的立脚地，和自然發達的程序完全撇掉；無怪扞格不入！畢業後，只知侈談廓論，不曉得本地風土；又怎望他盡家鄉的義務，謀社會的生活？本校同人，有鑒於此，確認教學原則，是由直觀的感覺而進於概念的；是自近及遠，自易及難，自簡及繁，自己知以及未知的。所以才編輯宣化縣鄉土誌。

宣化縣鄉土誌第一册

目次

延 庆

延庆州是明永乐十二年（1414）三月置，明成祖朱棣北巡，驻跸团山（今延庆旧县镇团山），以妫川平坦，土地肥沃，设隆庆州，辖永宁、怀来二县，移民屯垦，直隶京师宣府；隆庆元年（1567）为避穆宗年号，改为延庆州。清仍沿用延庆州，民国二年（1913）全国废州改县，始称延庆县。民国时期属察哈尔省，1952 年撤销察哈尔省后改属河北省张家口地区。1958 年 10 月划归北京市，成为首都西北门户，现为北京延庆区。

延庆现存志书有七种：其一为明谢庭桂等修纂，苏乾等续纂［嘉靖］《隆庆志》十卷，有明嘉靖二十八年（1549）刻本；其二为清迟日豫修，程光祖纂［顺治］《延庆州志》九卷，有清顺治十年（1653）刻本；其三为李钟俾修，穆元肇、方世熙纂［乾隆］《延庆州志》十卷首一卷，有乾隆七年（1742）刻本，另有民国二十七年（1938）铅印本；其四为清李士宣修，周硕勋纂［乾隆］《延庆卫志略不分卷》，有抄本存世；其五为清屠秉懿、何道增修，张淳德纂［光绪］《延庆州志》十二卷首一卷末一卷，有光绪七年（1881）刻本；其六为［光绪］《延庆州乡土志》，纂修不详，有清抄稿本；其七为明李体严修，张士科纂［万历］《永宁县志》，有万历三十六年（1608）刻本。由于资料所限，本书仅收录其中二种。

【乾隆】延庆卫志略不分卷

清李士宣修，周硕勋纂。

李士宣，据本志人物类，为河南陈州府淮宁县（今河南淮阳县）人，字化九，康熙四十四年（1705）武举人，乾隆七年（1742）十二月任延庆卫柑循屯堡，纂辑志书。

周硕勋生于康熙三十八年（1699），卒于乾隆三十八年（1773），字元复，号容斋。楚长沙沩宁（今湖南宁乡）人。传记材料据同治六年（1867）刻本《宁乡县志》卷十五和卷三十一。康熙五十九年（1720）举人。雍正五年（1727）补曲周令，乾隆七年（1742）调青县，擢务关漕务水利同知。乾隆十二年（1747），升广东廉州守，后调潮州。嘉庆十三年（1808）入祀乡贤祠。除《延庆卫志略》外，周硕勋还纂修了《潮州府志》和《廉州府志》，见《清史稿·艺文志》。

延庆卫的建置可以追溯到元武宗至大四年（1311），是时增置居庸关屯军，立十千户所，置隆镇万户府以统之。元仁宗皇庆元年（1312）改为隆镇卫。明太祖洪武三年（1370）于居庸关口置居庸关守御千户所，隶属于隆镇卫。明惠帝建文四年（1402），燕王朱棣改隆镇卫为隆庆卫。明穆宗隆庆元年（1567），更隆庆卫为延庆卫。清康熙三十二年（1693），将永宁卫、靖安堡、周四沟和四海冶四处归并延庆卫。清初延庆卫所辖地东至昌平州界七十里，西至昌平州界二十里，北至宣化府延庆州界三十里。延庆卫下辖居庸关地形极为险要，为京师北门锁钥，具有重要的战略意义。

全书不分卷。主要内容分为：纪事、关隘（附兵防）、巡幸、山川（附古迹）、存堡（附建置）、地丁（附盐引）、经费、学校（附风俗）、人物（附选举）、驿站、仕宦、艺文等十二类，对延庆卫、居庸关地理形势及人文风俗及各种制度均有完备记述，志书大量引用史书，不少资料都注明出处，便于查考。对于研究居庸关及明代边防颇有价值。

周硕勋序："神京北枕居庸，层峦叠嶂，扼要争奇，俯视畿辅，控制进关延庆一卫，固俨然重地也。明季兵燹，旧志缺亡。国朝承平日久，偃武修文，各省卫治多分隶州县，凡山川人物，皆散见于州县之中，故卫治完书绝少。……中州李公以孝廉出宰严疆，卫民爱之如邵父杜母……以应李公之请。"可知该志为李士宣与周硕勋共同编纂，而王隆等人协助编写。

该志大量引用史书，不少资料都注明出处，但不够严谨，有些材料从两处摘引，却注明同一出处，如巡幸类中："明永乐八年（1410）二月，帝北征，驾次龙虎台，遣行在太常寺少卿朱焯祭居庸山川。"前一句原文出自《明史稿·本纪》，但后一句原文则出自《昌平山水记》。此外艺文中作者亦有误署，如署名宋朝宇文中的《过居庸》诗一首，与《中州集》所收宇文虚中的《过居庸关》诗仅有数字之异。志中材料多从他书节引或摘抄而来，亦偶有可补他书之缺者，如人物类中的张能，其事迹不见于《明史》诸书，但在本志中有简略记载。艺文中的《余守备传》，亦有助于了解明末余希祖其人其事。

《中国古籍总目》史部方志类著录。北京大学图书馆、中国科学院情报文献中心等机构有藏。

延慶衛志序

神京北枕居庸層巒疊嶂扼要爭奇俯視
畿輔控制邊關延慶一衛固儼然重地也
明季兵燹舊志缺亡
國朝承平日久偃武修文各省衛治多分隸
州縣凡山川人物皆散見於州縣志中故
衛治完書絕少延慶爲宣雲孔道軺車絡
繹驛務殷繁州縣鞭長莫及仍存衛制令

延慶衛志畧

衛守備中州李士宣同校
楚長沙潙寧周碩勲編輯
衛學訓導保安王隆泰訂
拔貢生盩厔縣丞張欲達詮次

紀事

延慶衛乃古上谷地控制闗山昔為形勝之區又為用武之地自燕秦以及五代之季幾戰幾爭生民之塗炭極矣其間幸際承平得安於無事者皆
廟堂之賜也上下數千百年間凡見諸載籍者搜羅

採輯以俟後之籌邊者攷訂焉其大要可知也
秦滅燕命蒙恬築長城起臨洮至遼東延袤萬里（史記）
居庸關在昌平西北四十里元翰林學士王惲謂始皇
築長城居息庸徒於此故以名焉（呆齋稿）
居庸南臨都軍因名都軍關北齊改為納款關（括地志）
居庸關亦名薊門關（十道志）居庸關亦謂之冷陘（閻次齋稿）
太行山南自河陽懷縣迤逞北出直至燕北無有間斷
此其為山不同他地蓋數千百里自麓至脊皆陵峻
不可登越獨有八處相通微徑名之曰陘（八陘一軹關陘二太行陘三白陘四滏口陘五井陘六飛狐陘七蒲陰陘八都軍陘）居庸關者其最北之

【光绪】延庆州志十二卷首一卷末一卷

清屠秉懿等修，张惇德等纂。清光绪七年（1881）刻本，另有民国七年（1918）重印本，十二卷、首一卷、末一卷。

屠秉懿，字渤生，湖北孝感人，诸生。官直隶延庆州知州。

张惇德，又名豫垲，字濂石，号重斋，栾城县（今栾城区）城内东街人。清咸丰十一年（1861）拔贡生，入国子监学习，候补直隶州州判。著有《栾城县志》《畿辅通志》，还受聘主纂《唐县志》13卷、《延庆州志》14卷、《保定府志》80卷（此志署名张豫垲）等。

前有光绪五年（1879）何道增“重修延庆州志序”、光绪七年荣恩序、光绪七年胡振书序和同治十年（1871）屠秉懿“延庆州志稿序”。全书十二卷，卷一分上下卷，卷目依次为：卷一和卷二为舆地志（含山川、里社、村镇表、绰楔、风俗）；卷三为赋役志（含户口、田赋表、盐课、杂税、物产）；卷四为学校志（含州学、乡学、州学额、乡学额、书院）；卷五为经政志（含庙祀、邮递）；卷六为职官志（含官制、职官表、治绩）；卷七为选举志（含科目表、例仕表、封赠）；卷八为人物志；卷九为烈女志；卷十为艺文志；卷十一为古迹志（含废城堡、废署舍、冢墓、寺观）；卷十二为杂稽志（含事略，祥异）；卷末分列：识余、附录、订讹。

本志大量采用图表形式，如“沿革表”“官职表”“选举表”“田赋表”“村镇表”等，记载详细有序。全书体例完备，资料翔实，考订也有见地。

卷末“订讹”对《[乾隆]延庆州志》里的“建置”等部分内容提出异议，

“订讹”共有二十余条，均经作者考核考证，是很有见地的资料。

《中国古籍总目》史部方志类著录。中国国家图书馆、北京大学图书馆、中国科学院图书馆等机构藏有此志。

延慶州志十二卷首編壹卷末編一卷

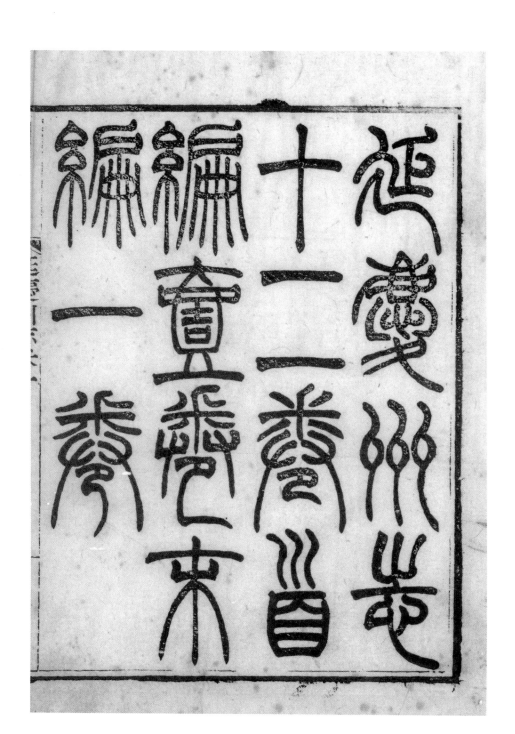

光緒六年歲
次庚辰學文
西秦于屾署

延慶州志卷一

重修延慶州志序

延之為州置自唐末州之有志創於前明今志之存實

國朝乾隆七年重修本也凡星野疆域山川關隘以及學校倉儲風俗物產諸大端亦云具矣第自壬戌迄今已卯百三十八年星霜剥蝕兵燹凋殘

序 一

延慶州志凡例

一志者記也積記其事也此顔師古之語然必體例謹嚴去取審愼使覽者識其典則知所勸懲始足以信今而傳後不敢以一己之臆見妄爲詳畧

一史家傳志多有小序所以示限斷明本旨也舊志率多浮辭濫列於前而篇中旨趣究未達出茲概從簡庶免效顰之誚

一唐宋州郡之書或名圖經或名圖志蓋志以載事迹圖以徵形狀也舊志圖列卷首今圖置本條後非與舊志求異便尋究也亦聊取左圖右史義焉

延慶州志目錄

延慶州志歷修姓氏

明

成化十一年乙未創修

隆慶州知州李薡陝西秦州富平縣人

舉人謝世芳山西人

庠生倪雲以下州人

庠生王容

庠生蘇英

嘉靖二十七年戊申續修

隆慶州知州王尚友陝西淯化縣人

延慶州志卷首

詔諭

康熙二十年十二月

詔免宣府圈撥田地城堡錢糧

時以平定滇黔頒行
恩詔載有此條宣府城衛得蒙　恩免者十八處永甯衛
四海冶延
慶州與焉

康熙五十九年六月二十一日

上諭大學士朕聞保安懷來等處地震宜速遣大臣前往賑濟
若俟部中啟奏傾致遲延着派副都御史楊桂層沂合伊等
作速自京城出居庸關前往延慶州保安州懷來沙城等處

蔚　县

蔚县，为古冀州地，春秋属代国，战国属赵国，名代郡。秦属代郡。北周始属蔚州大昌县地。隋属雁门郡灵丘县。唐属安边县、兴唐县。辽属灵县、安定二县。明初，蔚县属山西大同府蔚州，洪武七年（1374）置蔚州卫，属山西行都司，宣德五年（1430），改隶万全都司。清康熙三十二年（1693）改蔚州卫为蔚县，属直隶宣化府，雍正六年（1728）蔚州改属直隶宣化府，乾隆二十三年（1757）并州入县。民国二年（1913）改蔚州为蔚县，属直隶省口北道。民国十七年（1928）划归察哈尔省。1952年划归河北省张家口地区。

蔚县（州）旧志书现存五种：其一为明崇祯来临纂修《蔚州志》四卷，平列二十门，完成于明崇祯九年（1636），是志为蔚县现存最早志书；其二为清顺治李英纂修《蔚州志》二卷，分列十二门，有顺治十六年（1659）刻本；其三为乾隆杨世修《蔚州志补》十二卷首一卷，分十二门七十三目，有乾隆十年（1745）刻本；其四为光绪庆之金修、杨笃撰《蔚州志》二十卷首一卷，分二十二门三十九目，有光绪三年（1877）刻本；其五为乾隆王育榞修、李舜臣撰《蔚县志》三十一卷，平列三十一门，是蔚县立县后的首部志书，有乾隆四年（1739）刻本。此外，民国二十年（1931）察哈尔省政府曾通令各县修志，蔚县曾设馆纂修，并于民国二十四年（1935）编辑成稿，为《察哈尔省通志》编修提供材料，然因时局动荡，战事纷乱，而未能排印出版。

由于资料所限，明崇祯《蔚州志》与清顺治《蔚州志》并未收录。

【乾隆】蔚州志补十二卷首一卷

清杨世昌修，吴廷华等纂。清乾隆十年（1745）刻本。六册。半页十行二十二字，小字双行同，白口，四周双边，单黑鱼尾。框高 19.9 厘米，宽 14.5 厘米。前有吏部尚书高斌、翰林院庶吉士王芥园、宣化府知府王畹、蔚州知州杨世昌等序，凡例，撰修姓氏，图，目录。前有卷端题："知州事蒙自杨世昌补辑。"

杨世昌，字燕及，云南蒙自人，清雍正举人，乾隆七年（1742）任蔚州知州。

吴廷华，浙江仁和（今杭州）人，官福建同知，内阁三礼官纂修。

蔚州修志始于明代，据明万历《蔚州志》序载："旧有志，止于嘉靖戊戌"，然此志内容及付梓与否均无从考证。明万历三十六年（1608），知州刘生和、司铎王耀、孟宪孔、刘珍等"博采群议，蒐剔素闻"，编次成志。该志编成后，未见刻本，清初已不见此志。如今，我们只能在［光绪］《蔚州志》"艺文志"中看到刘生和为此志所作之序言，由此得以窥见明万历志之一斑。

明崇祯九年（1636），知州来临纂修《蔚州志》四卷，平列二十门。崇祯志为蔚州现存最早的志书，日本东洋文库存有此志刻本，中国国家图书馆有缩微胶卷。［光绪］《蔚州志》"艺文志"中存有来临为该志所作序言。

清顺治十六年（1659），知州李英纂修《蔚州志》二卷，列十二纲。

清乾隆七年（1742）杨世昌任蔚州知州，其任内政通人和，并以撰修志乘为己任，遂“发起凡例，取旧志而补葺之，其一切摭拾考据悉以正史为断”。因根据李英《蔚州志》而补辑，“以广前志之未备”，所以，不曰续而曰补。同时，还重新整合旧志门目，使之条序井然。

该志正文分十二门七十三目，约十五万字，记事止于清乾隆九年（1744）。是志编次：卷首（序、凡例、姓氏、目录），卷一地舆（沿革、星野、灾祥、疆域、形势、乡都、山川、古迹，物产），卷二建置（城池、官署、坊表、铺递、邮驿），卷三秩官（封建、职官、宦迹），卷四政令（乡约、惠政），卷五武备（营制、饷需、军器、防汛、墩汛、教场），卷六祀典（坛庙、名宦祠、乡贤祠、忠义孝弟祠、节孝祠、坟墓），卷七赋役（户口、田赋、丁银、经费、仓储），卷八学校（文庙、殿庑陈设位次、陈设图、仪注、乐位、乐谱、舞谱、祭器、书籍、入学出贡额、义学书院、乡饮酒礼），卷九选举（征辟、甲第、乡举、贡生、监生、武科、武举、封赠、恩荫、恩荣、仕籍），卷十人物（乡贤、忠义孝弟、节孝、探访人物），卷十一外志，卷十二艺文（赋、诗、杂著、疏、书、状、序、谕、传、志铭）。

“方舆”中“沿革”目详细记载上起黄帝，下讫清雍正年间该地的归属变迁及历史因革，“形势”“乡都”等目前志均缺，该志予以补之，为研究蔚县地区行政区划的纷繁变迁及地理环境等内容提供了详细的资料。“外志”一门从正史中将战国至清顺治年间关于该地区的历史事件摘录，并以编年体例记载，是研究蔚县历史的重要史料。

《中国古籍总目》史部方志类著录。中国国家图书馆、中国科学院图书馆、中国历史博物馆、北京大学图书馆等三十家机构藏有此志。

序

州邑之有志乘將以
辨風俗齊教化物土
之宜而布其利相民

凡例

一州志剏自有明及我　朝順治十六年前任州大夫闞中李公英重修都人士相傳爲敏果魏公所輯但據人物志所載魏公小傳通體皆推重之辭若志出自公不近于自詡耶況體制文義及諸所考訂緯有秦風其爲李公之書無疑

一李公前志現存是編特踵而輯之乃不曰續而曰補者蓋前志成于順治己亥由己亥以前逆數之至于皇古前志果盡載無遺後之作者僅從己亥以後舉新增令典以益之夫是之謂續今前志自己亥以前凡列朝掌

蔚州志補

姓氏

鑒定

太子太保總督直隸等處地方紫荊密雲等關隘提督軍務兼理糧餉河道事務今陞吏部尚書高 斌

特授直隸等處承宣布政使司布政使加三級紀録三次方觀承

特授直隸等處提刑按察使司按察使兼理通省驛傳事務紀録三次嚴瑞龍

特簡分守口北道整飭宣化等處兼管糧餉驛傳事務按察使司副使加三級王芥園

特授分守口北道整飭宣化等處兼管糧餉驛傳事務布政使司參議紀録三次吳 煒

特授中憲大夫知宣化府事加一級紀錄十六次又軍功紀錄一次王 畹

特授中憲大夫知宣化府事加三級王 麟

蔚州志補

目録

卷首

序 凡例 姓氏 目録

卷之一

地輿 沿革 星野 災祥 疆域 形勢 郷都 山川 古蹟 物産

卷之二

建置 城池 官署 坊表 鋪遞 郵驛

卷之三

秩官 封建 職官 宦蹟

蔚州志補 卷首 目録 一

蔚州志補卷一　知州事蒙自楊世昌補輯

方輿志沿革補 前志有沿革此補之其說十倍于前者蓋前志一意芟繁古籍盡廢拾遺訂悞不嫌辭費也

黃帝及帝堯爲冀州地 案前志但云古冀州而不明何代之制且唐虞三代代有因革不止一冀州而已故據尚書周禮等經說以補之

地理今釋冀州爲今山西之太原平陽汾州潞安大同五府直隸之順天永平保定廣平順德宣化六府等地 案周禮職方氏疏自古以來皆有九州漢地理志黃帝方制萬里畫地分州則九州始於黃帝甚明杜佑謂始于顓頊不知何據又據尚書傳謂舜肇十二州在治水之後禹貢九州在治水之前則禹貢九州卽黃帝所制數傳至帝堯皆因之也

【光绪】蔚州志二十卷首一卷

清庆之金修，杨笃编纂。清光绪三年（1877）刊本。八册。半页十行二十三字，小字双行同，白口，四周双边，单黑鱼尾。框高18.8厘米，宽13.8厘米。前有清光绪三年庆之金序、纂修姓氏、例言、目录、图。

庆之金（1815—1877），字砺堂，号式如，安徽含山人。咸丰辛亥（1851）举人。历仕肥乡县、曲周县、正定县知县，蔚州知州、候补直隶州升用知府。

杨笃（1834—1894），字巩同，一字雅利，别署琴如，号秋湄，别号北屈，或署虬麋道人、吕香真逸、晚号东渎老人，山西省乡宁县人。杨笃生于一个书香门第，幼承家学，为近代极为有名的方志界名家。他一生主撰了［光绪］《山西通志》《蔚州志》《代州志》《西宁新志》《繁峙县志》《壶关县续志》《长子县志》《潞城县志》《黎城县志》《屯留县志》《天镇县志》《长治县志》，襄修了《五台县志》一部，共计十三部，创造了我国历史上个人修志种数最多的纪录。

该志前有《州全境图》《四乡分图》《渠道图》《义仓图》《城池图》，正文分二十二门三十九目，约二十万字。是志编次：卷一舆地表、历代封爵表、历代职官表，卷二本朝职官表，卷三地理志上（沿革、晷度、形胜、疆域、乡都），卷四地理志中（山川、水利附见），卷五地理志下（关隘、津梁、古迹、冢墓、物产），卷六建置志（城堡、公署、仓廒、驿递、镇集、坊表）、祠祀志（附寺观），卷七赋役志（户口、田赋、学田、蠲免）、学校志（义学、书院附)、兵志，卷八选举志（进士、举人、制科、荐辟、贡、武科、附仕籍、封赠荫袭、耆老），卷九金石志上，卷十金石志下，卷十一艺文志上（经部、史部），卷十二艺文志下（子部、集部、附录书目），卷十三史传上，卷十四史传下，卷十五集传，卷十六列传，卷十七列女，卷十八大事记、风土记，卷十九名宦记、寓贤记，卷二十杂记、后序。

该志分为表、志、传和记四例。表为纪年之书，此例承袭《五代史》地理志与《舆地表》形式，本志仿之为《舆地表》，另外此部分还记有《历代封爵表》和《历代官职表》，以存掌故，最后为《本朝官职表》，先为官员设置，再为官员裁撤与缺位情况，来体现当朝重点。志分为《地理志》《建置志》《祠祀志》《赋役志》《学校志》《选举志》《兵志》《金石志》和《艺文志》等九志。以晷度、形胜、疆域、乡都、山川、关津、古迹、冢墓、物产诸条并入地理，以城堡、公署、仓廒、驿递、镇集诸条并入建置；余下的部分皆为《通志》。采访条款承袭以上三志，没有大的更改。传即人物志，旧志分乡贤、忠义、孝弟各为一类。但由于文体不同，很难统一。援郑入雅，又觉得不伦不类，改古从今，又形其陋。所以分四部分来采访：正史及贤良祠传、满汉名臣传者，为《史传》，收录其全文；采访名人文集及家传、墓志、行状者，为《集传》，摘录其大概；《列传》部分收录各志至今所采访的事实；《列女》记录古今名媛节孝贞烈的事迹。记有五部分，分别为《大事记》《风土记》《名宦记》《寓贤记》和《杂记》，每部分以图开篇，图皆开方。一幅总图，来界定疆域；分图四幅，详述村堡；附渠道图，以述水利；附义仓图，以备荒政。其摹绘景物、界画楼台无关实政者，悉不登。徇俗破例，惟存城池一图于地利、形胜犹有取者焉。书中正文，悉列故籍；有所考订，别为案语。此志凡是采用前“三志”的地方，都有明确标注。取得前人成果之精华，使其得以承继。

该志是在明崇祯、清顺治及乾隆三代《蔚州志》的基础上精心所著，相较而言，其考证最为严谨，体例也最为合理。又因它在明清时期成书最晚，因而它所载历史最为悠久，内容最为丰富。本志较前志语言较为凝练，叙述不拖沓，例如《赋役志》，本是各志中最为繁复杂乱的篇章，但此志却提纲挈领，短短五页就已叙述完毕。将大量诗文注入到地理、建置和祀祠等篇中，不枝不漏，因事制宜，剪裁得当，实属方志中之佳作。

《中国古籍总目》史部方志类著录。中国国家图书馆、中国科学院图书馆、故宫博物院图书馆、中国历史博物馆、北京师范大学图书馆等七十个机构藏有此志。

蔚州志

卷首至卷二

圖表

志邊徼難於內郡以其文不備也志蔚州難於諸邊以其文過備也然則文備乃無徵乎曰徵非所徵而失所當徵則謂之無徵也亦宜州於古爲代國代郡周隋以後爲蔚州夫人知之而爲國則有晉陽中都高柳盛樂雲中平城上黨不一其都爲郡則有桑乾高柳平城馬邑與雁門之代不一其治爲州則有陽曲秀容繁峙靈邱與禦夷懷荒二鎮之蔚不一其徙將徵於古而參錯若是文物典章必核自近在前明以州衛分隸兩鎮在

本朝以州縣其治一城今雖併省爲一而語其地則民田屯田之爲賦異語其民則州學鄉學之占籍異語其俗則屬宣屬

蔚州志

纂修姓氏

鑒定

賜進士出身宣化府知府王袞

纂輯

特用府蔚州知州辛亥科舉人慶之金

新選繁峙縣教諭甲子科舉人楊篤

參閱

五品銜蔚州州學正己酉科舉人戴問善

蔚鄉訓導庚子科舉人寇椿齡

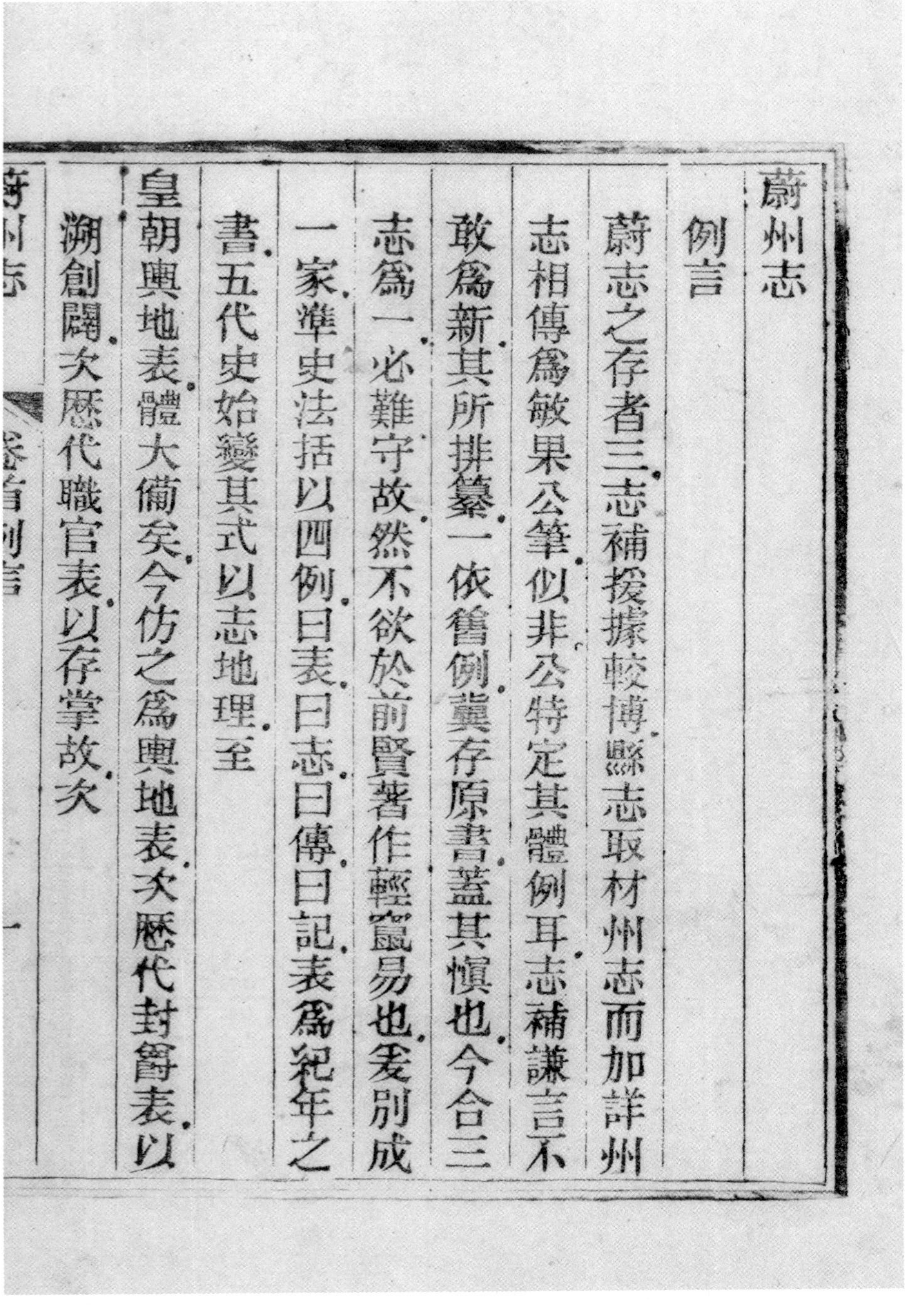

蔚州志

例言

蔚志之存者三志補援據較博縣志取材州志而加詳州志相傳爲斂果公筆似非公特定其體例耳志補謙言不敢爲新其所排纂一依舊例冀存原書蓋其慎也今合三志爲一必難守故然不欲於前賢著作輕竄易也爰別成一家準史法括以四例曰表曰志曰傳曰記表爲紀年之書五代史始變其式以志地理至

皇朝輿地表體大備矣今仿之爲輿地表次歷代封爵表以溯創闢次歷代職官表以存掌故次

蔚州志　卷首　例言　一

蔚州志

目錄

卷首

序

纂修姓氏

例言

目錄

州境全圖

四鄉分圖

渠道圖

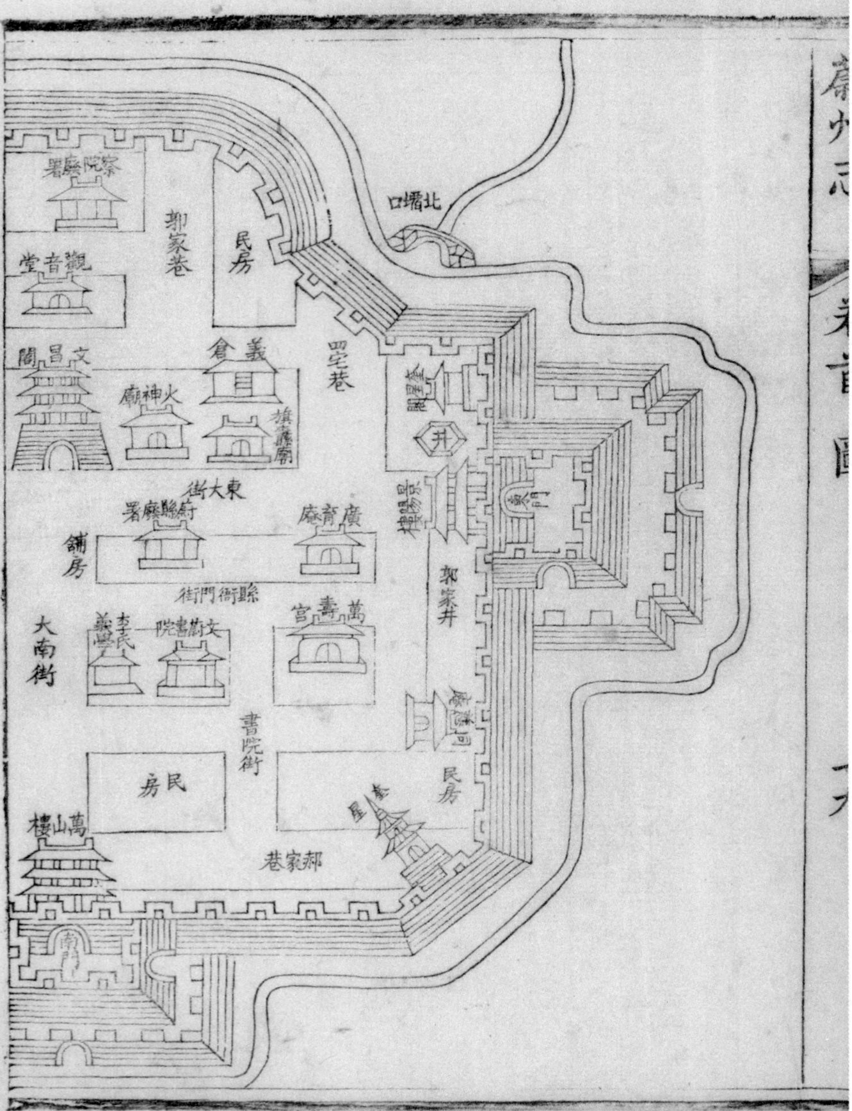
察院廳署
觀音堂
郭家巷
民房
北壩口
文昌閣
義倉
火神廟
東大街
縣廳署
廣育廟
舖房
縣衙門街
大南街
萬壽宮
書院街
民房
郭家井
民房
萬山樓
郭家巷
南門

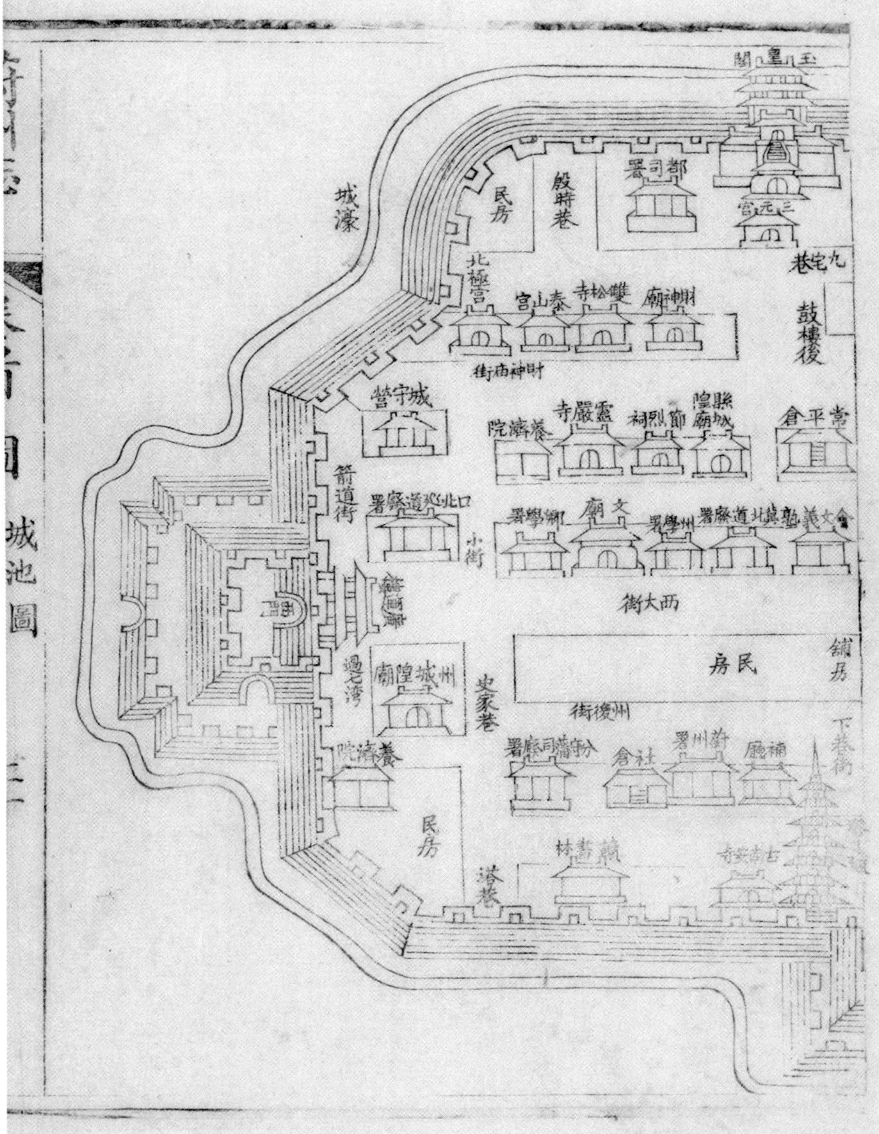
城池圖
玉皇閣
都司署
般若巷
民房
三元宮
九宅巷
城濠
北極宮
泰山宮
雙松寺
財神廟
財神廟街
鼓樓後
城守營
養濟院
靈嚴寺
節烈祠
縣城隍廟
常平倉
箭道街
鄉學署
文廟
州學署
會文義塾
小街
西大街
民房
舖房
過七灣
州城隍廟
史家巷
州後街
養濟院
社倉
民房
塔巷

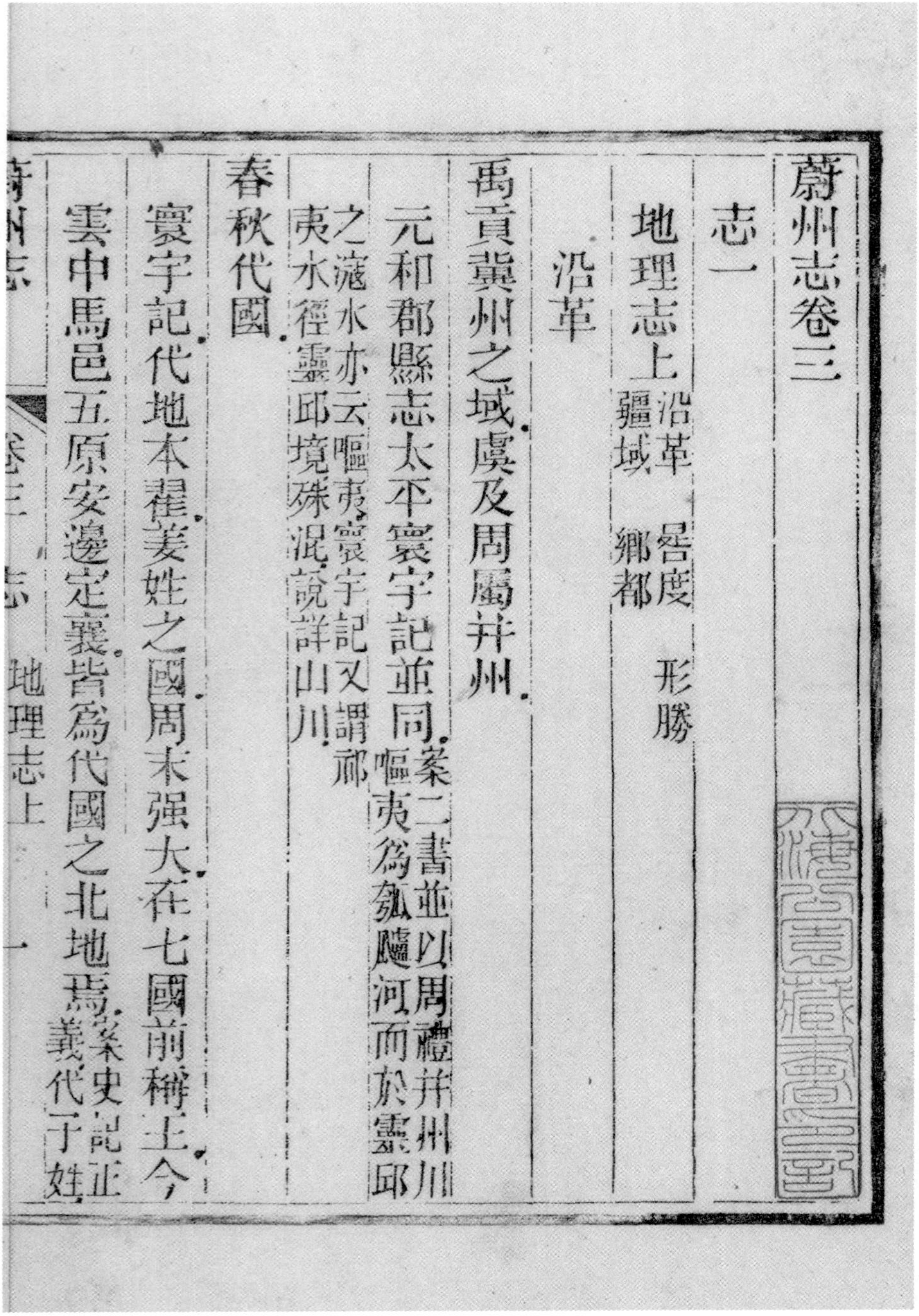

蔚州志卷三

志一

地理志上 沿革 晷度 形勝 疆域 鄉都

沿革

禹貢冀州之域虞及周屬幷州

元和郡縣志太平寰宇記並同案二書並以周禮幷州川嘔夷爲瓠盧河而於靈邱之滱水亦云嘔夷寰宇記又謂祁夷水徑靈邱境殊混說詳山川

春秋代國

寰宇記代地本翟姜姓之國周末强大在七國前稱王今雲中馬邑五原安邊定襄皆爲代國之北地焉案史記正義代子姓

蔚州志　卷三　志　地理志上　一

【乾隆】蔚县志三十一卷

清王育榞修，李舜臣纂。清乾隆四年（1739）刻本。

王育榞，字石圃。山西猗氏（今属山西运城）人。赐同进士出身，敕授文林郎。蔚县知县。

李舜臣，字向皋，邑人。二品荫生。候补主事。

明代置蔚州卫，属大同，清初沿用。清康熙三十二年（1693）改卫为县，属宣化府。此前无志。育榞撰此志时面临改卫为县之时，彼时的蔚县，不分而析。人民土地互相管辖，地主大户仁壤相接，无彼疆此界之分，所以撰志之难度相当之高。遂其求得明《宣府镇志》一部、《两镇三关志》半部，参考以上两部志，完成本志三十一卷。

该志共三十一卷，三十一门，约十二万字。是志编次：图考、建置沿革、星野、疆域、山川、形胜、关隘、城池、公署、学校、坛遗、武备、户口、田赋、方产、职官、师儒、贡举、封荫、人物、列女、故家、游寓、乡耆、祠庙、风俗、古迹、坟墓、祥异、艺文、杂记。

此志为首部《蔚县志》，编撰于改卫为县之时，难度较大，有许多不足之处。例如卷二十五《风俗》称蔚人“质直尚武，人多剽悍，勤于稼穑”，具有一定的片面性。卷十三《户口》只记顺治、康熙两朝人丁数，记载不详细。虽有不足，但也有其可取之处，该志在资源紧缺、情况复杂的情况下成书，几乎把政治、经济和文化全部涵盖其中，实属不易，具有一定参考价值。

《中国古籍总目》史部方志类著录。中国国家图书馆、中国科学院图书馆、中国历史博物馆、北京大学图书馆等二十一家机构藏有此志。

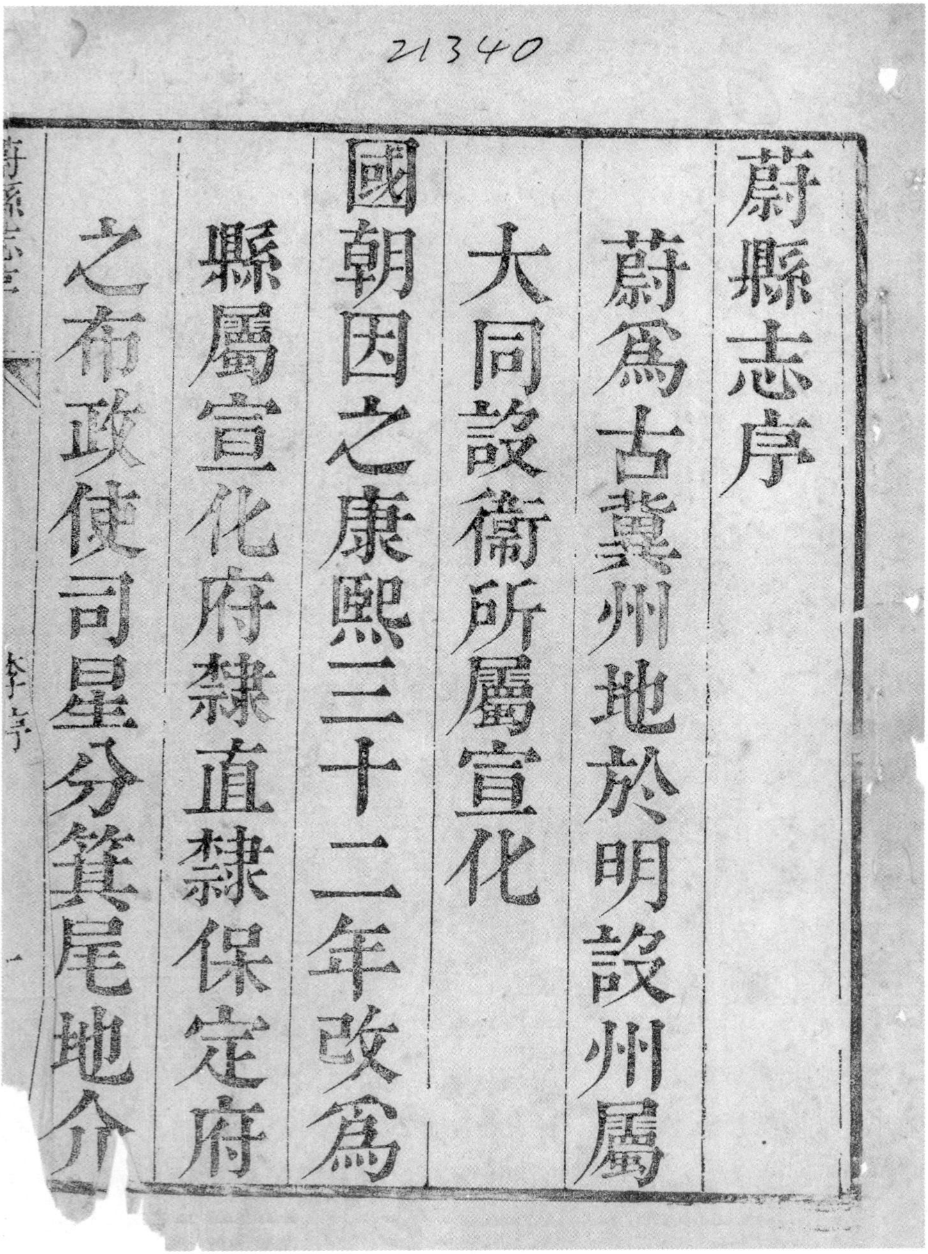

21340

蔚縣志序

蔚爲古冀州地於明設州屬

大同設衛所屬宣化

國朝因之康熙三十二年改爲

縣屬宣化府隸直隸保定府

之布政使司星分箕尾地介

蔚縣志 李序 一

蔚縣志凡例十五則

一疆域所在即職守所在也涉於州者概不敢及懼侵官也然休戚既共則亦難以區別也形勝方產祥異是也

一建置沿革從同者也安陽東安陽竟安定安所在必謹識之同而異也星野從宣府匪始自今前爲衛時固宜屬也雖州志列畢昴不嫌爲異也

一山川必其縣屬者紀實也互屬者必注實之所在不敢誣也關隘衝要者雖非縣屬亦從附見利害所係綢繆宜早亦以紀實也

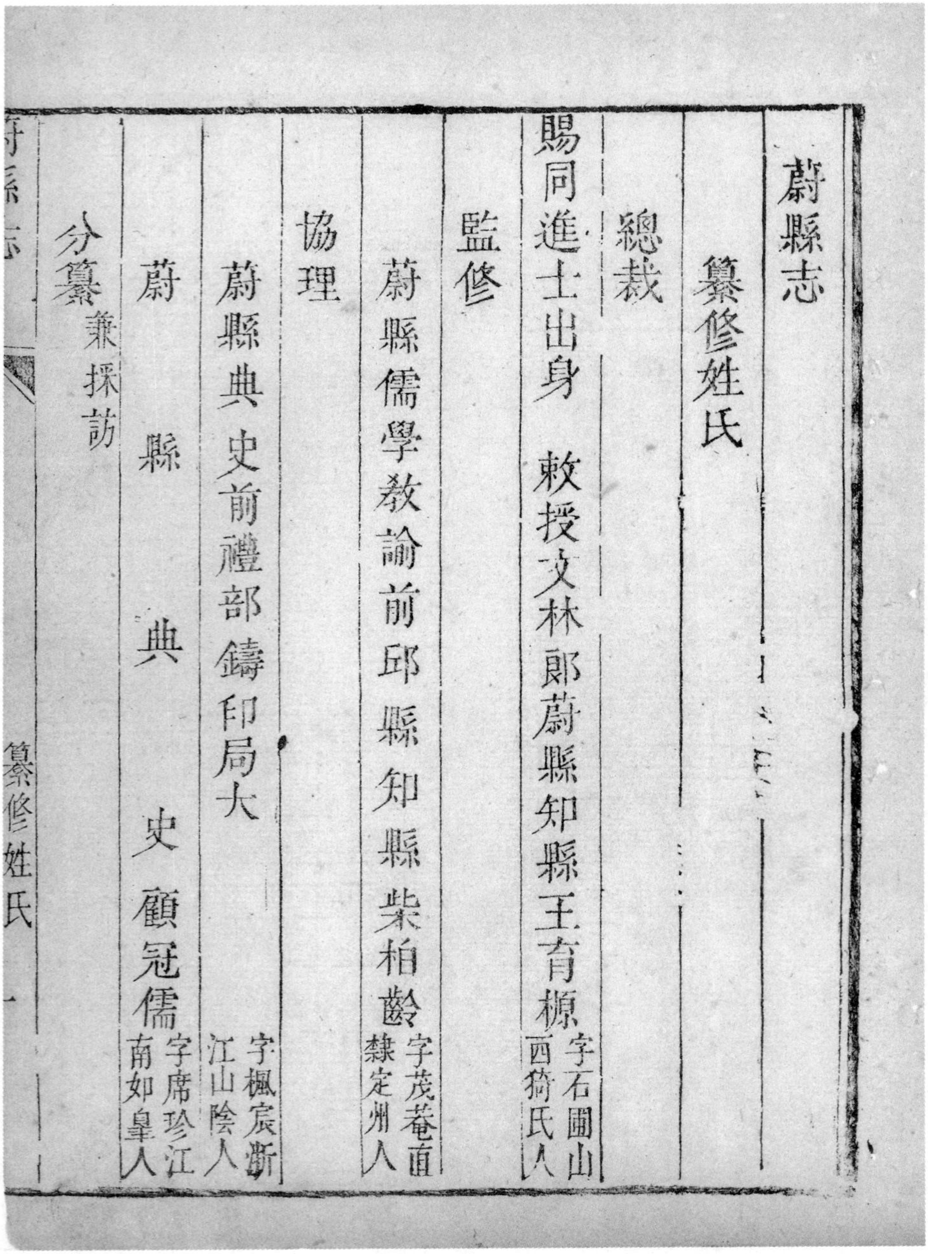

蔚縣志

纂修姓氏

總裁

賜同進士出身 敕授文林郎蔚縣知縣王育榞 字石圃山西猗氏人

監修

蔚縣儒學教諭前邱縣知縣柴柏齡 字茂菴直隸定州人

協理

蔚縣典史前禮部鑄印局大 字楓宸浙江山陰人

蔚 縣 典 史 顧冠儒 字席珍江南如皋人

分纂兼採訪

蔚縣志 纂修姓氏 一

蔚縣志目錄

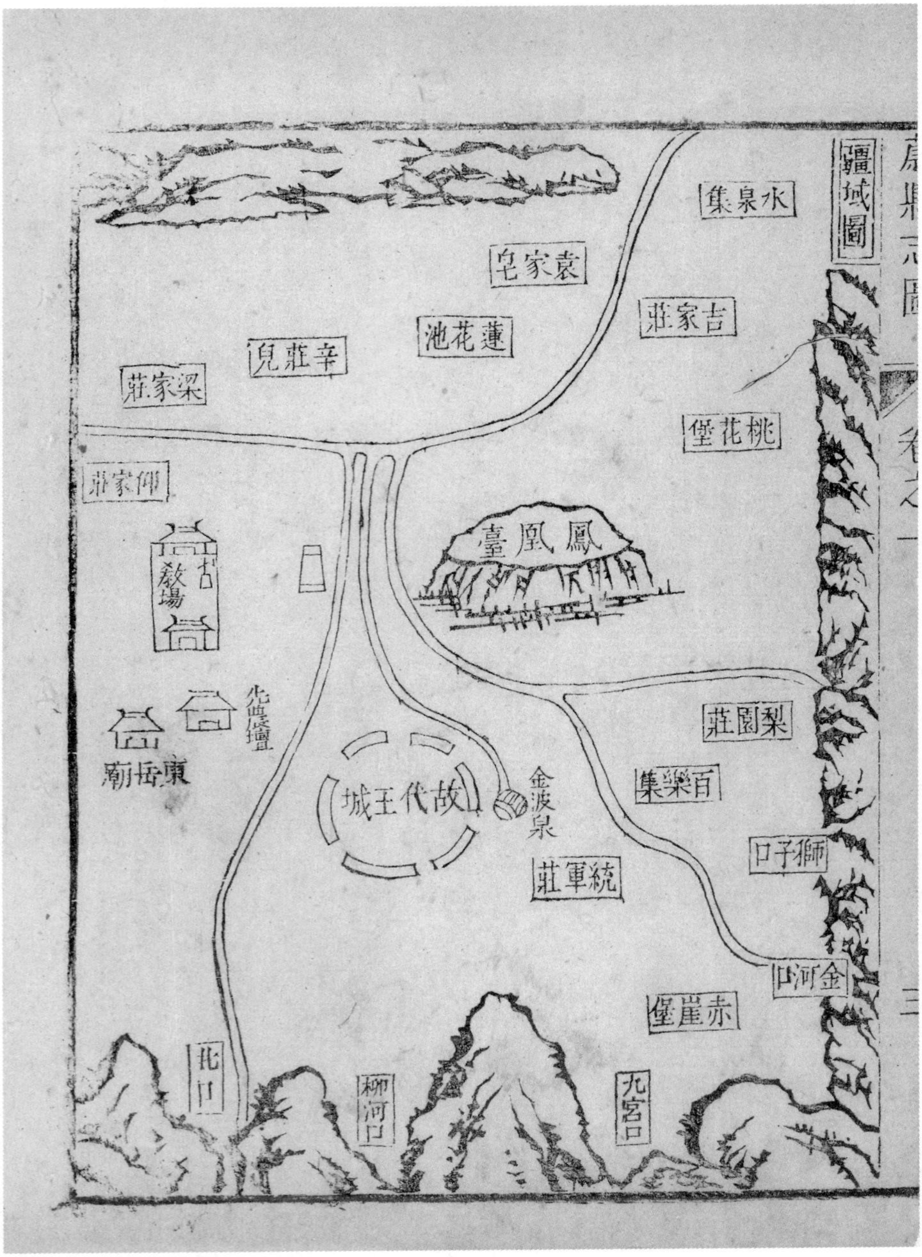
疆域圖
水泉集
袁家皂
吉家莊
蓮花池
辛莊兒
梁家莊
桃花堡
鳳凰臺
古教場
先農壇
東岳廟
故代王城
金波泉
梨園莊
百樂集
獅子口
統軍莊
金河口
赤崖堡
柳河口
九宮口

蔚縣志卷之二

建置沿革

蔚改衛爲縣自

國朝始而蔚初有衛自明始衛固分州之餘以爲衛也

由明以上或爲州或爲郡或爲道與軍又何紀焉然

漢之飛狐唐之定安其載在往籍者皆縣屬也上下

千百年間天道人事盛衰興廢之故有足動人以深

思者則亦不得而畧矣善乎宋歐陽忞之序輿地廣

記也曰以今之州縣而求於漢則爲郡以漢之郡縣

而求於三代則爲州又曰三代之九州散而爲漢之

张北县

张北县位于河北省西北部，内蒙古高原东南陲，古长城外侧，周邻张家口市、内蒙古商都县。张北县辖区，春秋战国时属燕国。秦属上谷郡。东汉、魏、晋为鲜卑地。隋属涿郡怀戎县。唐为妫州北境。五代为契丹地。辽属西京道奉圣州。元设高原县。明为鞑靼部落牧地。清雍正二年（1724），属张家口理事同知厅（即张家口厅），归直隶省口北道管辖。民国三年（1914）废厅设县，名曰张北县，隶属察哈尔特别区。民国十八年（1929）隶察哈尔省。1949 年，张北县隶属不变。中华人民共和国成立后，1952 年张北县属河北省张家口专区。1959 年，张北县划归张家口市。

张北地区古无专门志书，清乾隆二十三年（1758）由黄可润校补的金志章所创《口北三厅志》为该地修志之滥觞。[民国]《张北县志》为张北地区首部志书，有民国二十四年（1935）铅印本。

【民国】张北县志八卷首一卷

民国陈继淹修，许闻诗纂。民国二十四年（1935）铅印本。八册。半页十四行三十一字，白口，四周双边，单鱼尾。前有序、影、图、编志职员表、凡例、目录。

陈继淹，字希文。河北省阜平县人。陆军大学毕业，曾任国民党驻外蒙代表兼第二集团军驻库仑全权代表。1943 年 8 月任张北县长。

许闻诗，字得三，河北怀来县浩家营村人。1906 年中秀才，1909 年考取己酉科拔贡。曾历任张家口律师事务所文书、怀来县矾山堡小学校长、张北县城区第三小学校长、张北县志总纂、伪张北县公署司法股长、张北师范语文教师、张北县各界人民代表会议常务委员会副主席、县政府委员兼文教科长，历届河北省人民代表大会代表，河北省政协委员、常委、张北县副县长等职。

张北地区古无志书，清乾隆二十三年（1758），黄公可润校梓口北道钱唐金志章所创《三厅志》，为该地修志之滥觞，此后直至清末，其间一百五十余年历史、人物湮没无征。至民国十七年（1928）察哈尔立省之前，案卷迭经变故，屡遭焚毁，又有诸多欠缺。“以历代数千百年之文物、典章，全境三万方里之物质、人事处于无可稽考、无从询访环境之下”（《张北县志》许闻诗《序》），此种境况下，纂修县志势在必行。民国十八年（1929）曾有编修县志之议，但未能实行。宋哲元主政察哈尔期间，谋划创修省志，命各县编修县志以备采集，张北县长陈继淹遴选邑绅张子元为馆长，延聘许闻诗为总纂，成立县志馆。全体纂修人员勠力同心，周咨博访，夙夜匪懈，编年纪事，纲举目张，分门别类，有条不紊，历时一年，县志乃成并付梓。

书前有时任察哈尔省政府主席宋哲元、察省民政厅长秦德纯、察省政府秘书长杨兆庚、建设厅长张维藩、财政厅长过之翰、教育厅长赵伯陶、省通志馆馆长梁建章、张北县长陈继淹、县志馆馆长张子元、县政府第二科科长郭永昌、县政府第三科科长王永贵、县志总纂许闻诗、邑人焦忠等人德序文及王廷贵所作跋文。是志全书八卷，列十志，大纲六十六，细目一百二十二。是志编次为：卷一为地理志上（沿革、经纬度之位置、疆界、形势、山脉、河流、湖泊、气候）；卷二为地理志下（水泉、土质、古迹、古物、名胜、牧厂、关隘）；卷三为建置志（城池围堡、沟渠、堤坝、桥梁、官署建筑、学校建筑、营垒、仓库、公产、祠庙、宗教建筑）；卷四为物产志（动物、植物、矿物）和交通志（交通）；卷五为户籍志（户籍、生计、农业、工业、商业、度量衡）、礼俗志（祀典、丧礼、婚礼、习惯、蒙古人之礼俗、宗教、医药、卜筮、星相、堪舆、巫蛊）；卷六为政治志（官制、自治、财政）；卷七为人物志（官宦、职官、乡贤、孝义、烈女、选举、科第、毕业生、流寓、武术）；卷八为艺文志（奏议、金石、诗歌、谚语、艺术）。书中有诸如《张北县境内张库大道运货之骆驼》等插图数帧。

该志是张北县第一部方志，是研究张北地区历史的重要资料，被时任县长陈继淹誉为“张北县破天荒之新纪录”“开发西北参考之一助”。由于张北县境内多蒙古族人，本志在诸多方面均对蒙古事务有所涉及，如礼俗下设蒙古人之礼俗目，地理志中附内蒙古历代沿革考及张北县各旗之变迁等，对于研究蒙古族历史具有一定价值。《户籍志》有《全县近三年农产物量值表》及《近三年牲畜量值表》，详明地记载了该县农产品及牲畜的产量及出口量，对研究当地经济具有重要史料价值。《政治志》中《官制》一目除记载公安局沿革、组织、警额、经费等信息外，还记载有该县警局的武器装备，并可看出当地武器配备状况并不理想，种类五花八门且损坏程度严重。

《中国古籍总目》史部方志类著录。中国国家图书馆、首都图书馆、中国科学院文献情报中心、故宫博物院等三十二个机构藏有此志。

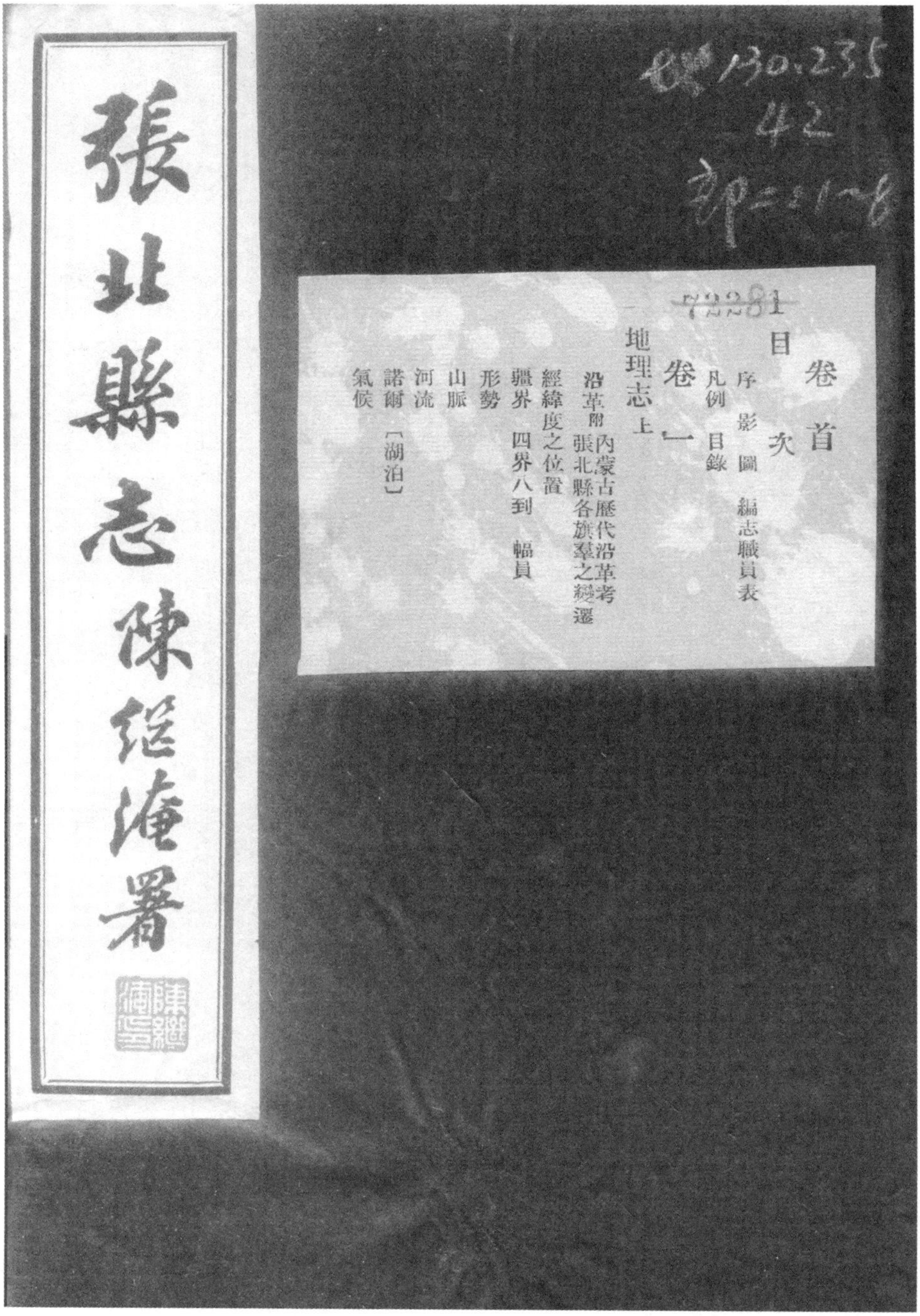
張北縣志 陳繼淹署
目次
卷首
序 影 圖 編志職員表
凡例 目錄
卷一
地理志上
沿革附內蒙古歷代沿革考
張北縣各旗羣之變遷
經緯度之位置
疆界 四界八到 幅員
形勢
山脈
河流
諸爾〔湖泊〕
氣候

張北縣志卷首

目次

張北縣志序

張北設縣始自民國二年其縣治爲元興和故城舊爲張家口同知所轄南倚長城北接蒙古高原固塞外之奧區而國防之重鎮也清金副使修三廳志舉凡土地人民政事犓具規模然時易勢遷已不足信今而傳後余守察之三年創修察省通志命各縣編修縣志以備採集張北縣長陳君繼淹乃廷聘士紳從事編輯綱舉目張不期年而縣志告成洵可觀也夫天下事非作之難而創作者實難張北僻居朔方有史以來滄桑屢變夷夏迭主而風土之記寂焉無聞迄今溯遼金元之遺烈文献無徵流風泯矣斯志之作其爲張北闢一新紀元乎他日者攷山川之起伏思所以設險而守國覩文化之樸塞思所以易俗而移風物產非不豐也實業必講交通非不便也路政宜修名宦鄉賢繼踵而起俾中華民族之強盛得於一縣肇其基是則余所厚望者夫故樂書數言弁之篇首以告後之覽者

中華民國二十三年十二月察哈爾省政府主席樂陵宋哲元序

本志館職員表

民國二十三年十二月

職別	姓名	次篆	籍貫	略歷
監修	陳繼淹	希文	河北阜平	陸軍大學畢業曾任國民黨駐外蒙黨代表兼第二集團軍駐庫倫全權代表十七年三月任命爲國民政府蒙藏委員會委員十九年十二月充任國民政府軍事委員會北平分會參議兼華北第二十九軍總指揮部參贊二十二年八月調任代理張北縣縣長
館長	張萬善	子元	本縣	直隸保定法律學校卒業曾任順直省議會議員參政院參政國民政府文官處參事察區總農會會長張北財政局長張北縣參議會議長
總纂	許聞詩	得三	本縣	清己酉科拔貢直隸保定警務及司法科卒業曾任懷來及張北高小校長康保縣教育局長
繪圖採訪員	王廷貴	子登	本縣	察省第一師範學校修業曾充張北財政局事務員縣城第一高小教員
辦事員	武寶福	德厚	察省懷來	宣化中學修業曾充懷來縣教育局文牘兼校對省立聯合小學事務主任兼第九民衆學校主任宣化第二區助理員張北第三區區長

張北縣志

凡例

一　本志大綱系統取義於有土地然後有人民有人民然後有政事順序排列首叙地理水陸空自然之現像次述地理上附麗之陳迹及地理上人爲之建置次則物產攷土地之出產及寶藏次則交通以覘地方之發達與滯塞次則戶籍併生計以攷人民生活之狀况次及禮俗之善惡次則政治以徵政教之良窳次則人物以述上兩項人民官吏有出乎其類拔乎其萃者表而出之以彰其善而資觀感終則藝文因其爲文人賢吏心血之結晶故列於後以結之

一　三廳志創編於遜淸乾隆二十三年至今一百五十餘年其間人文事務年湮代遠自有損益况又係張獨多三廳之記載並非張北一縣之專書雖語焉不詳且應合時代之需要不得不將體例綱目多爲變更增益

一　本志官制職官名宦鄉賢列女藝文等志新舊志不能分割者合一爐而治之其他各志均由調查及訪問所得間有取材於他書者不過寥寥無多

一　本志着手初編時尚未有劃分區域之議及至中途將二四區劃歸崇禮設

張北縣志目錄

張北縣志卷一

地理志上

沿革

一縣之沿革亦即一縣之歷史也滄田桑海更遞變遷欲覘一縣興廢治亂之迹繁盛颳脫之由惟沿革是賴溯張北自黃帝畫野分區以前無所稽考迄至後世忽而爲夷忽而爲華雖遼金元明相繼崛起佔據斯地事蹟頗多但多半淪於夷域絕於華夏以致王化所不及文人遂絕跡故鮮紀載即載焉而不詳詳焉而不實雖斷簡殘篇儘量蒐集略得一二實不啻鳳毛麟角遺憾滋多茲將沿革原委分述於後以供閱者參考焉

唐　冀州之北境

淸胡渭禹貢錐指云冀州之北界約在陰山按今縣境則在陰山內應屬冀州之北

虞　分屬幽州

地理指掌圖云舜肇分十有二州分燕以北爲幽州

后　记

察哈尔方志文献是“原生态”文献资源，具有较高的文献价值。它们记录了察哈尔地区历史发展的进程和沧桑变迁，凝聚着先人们的智慧，是中华民族文化遗产的有机组成部分。保护好、传承好这些珍贵文献，对其文化价值进行深入研究、利用，有着重要的历史和现实意义。但一直以来，其多作为史料佐证应用于区域历史研究中，缺乏系统有效的整合，价值未经深入挖掘。本书在传统的以目录提要的方式介绍方志内容的基础上，结合前人研究成果，对照方志原文，对每种方志的文献价值、编刻质量做简要分析论述，具体分析每一部方志的独特利用价值，力争还原方志真实的信息。

书稿的完成同时也归功于赵宇鹏、霍艳花、王梦迎三位同志，她们在搜集文献、撰写文字、后期校对等工作中都倾注了很多心血与精力。

我们所著虽对内容审慎思索，精心推敲，但囿于笔者能力所限，所著内容不免存有讹误遗漏之处。在此，热忱期盼同仁和广大读者批评、匡正，惠告意见，以使该问题的研究日臻完善。

本书为吕建新 2016 年承担的河北省社会科学基金项目“察哈尔方志文献整理及数字化研究”（HB16TQ004）的结项成果。

张晓光

2018 年 11 月